15 CAMINOS A LA BANCARROTA
¡Y cómo evitarlos!

Por: Abnerius.

Dedicado a mis Padres: Alberto† y Elizabeth.

AGRADECIMIENTOS.

A todo mi familia, en especial a mi madre, mi hermano y mi tía Isabel.

A todos mis amigos.

A mis socios.

A mis grandes mentores, Juan Luis Rangel & Eduardo Barreto.

A todas las personas que han escrito sobre Educación Financiera.

Por sobre todo, Gracias a Dios, éste libro es de Él.

Foto de Portada: Nohemí Lori

(Y a todas las personas que no creyeron en mí, que me juzgaron y criticaron, a todos mis detractores; vaya ustedes fueron una buena motivación)

Se cuenta que en la Venecia del renacimiento, las personas que prestaban dinero se ponían en una banca sobre la calle, esa era su oficina.

Dicen que cuándo se quedan sin dinero era tanto su enojo que azotaban la banca en la que estaban contra el piso hasta romperla y se retiraban muy molestos.

De ahí viene el termino bancarrota.

INTRODUCCIÓN.

Seguramente has conocido a alguien que ha terminado en quiebra, que le debe demasiado a los bancos o que ha sido embargado por dedudas. Probablemente tus padres o tus abuelos pasaron por algo así, tal vez hasta tú hayas pasado o estés pasando por algo así.

¿Nunca te paso de niño que llamaban los cobradores o iban a la casa y tenías que decir que tus padres no estaban? ¿Recuerdas esas llamadas intimidatorias a altas horas de la noche exigiendo un pago? A mí me pasó.

La verdad fue una mezcla de sucesos lo que llevó a mis padres a su primera banca rota. Fue la crisis de 1994 en México (llamado el error de Diciembre y conocido en el mundo como el efecto Tequila) yo era un adolescente. Recuerdo que fueron momentos muy difíciles, sin embargo nunca nos faltó el alimento, el techo o la ropa; pero definitivamente existieron millones de personas mucho menos afortunadas en esa ocasión.

Años después tuve mi primer quiebra. Tenía unos 25 años, había renunciado a mi empleo por razones personales y una tarjeta departamental se me fue de las manos (no tenía con que pagarla). Me sentí deprimido, pero también impotente, acosado por la tarjeta. Obvio no tenía como pagarla.

Muchos años después siendo ya un hombre maduro y con muchos conocimientos de finanzas, vino mi segunda quiebra y fue devastadora. De verdad me vine abajo anímicamente, emocionalmente, económicamente... todo se derrumbo; mi negocio, mi auto estima. Jamás pensé que podría terminar debiendo tanto dinero. En éste caso fue mi soberbia la que me derribó. Todo fue producto de un ego inflado y una falta de honestidad para con mi situación.

Me presento.

Soy Abnerius, consultor, conferenciante y autor de Desarrollo Humano. Soy Licenciado en Mercadotecnía Internacional, y empresario de Mercadeo en Red. Pero principalmente soy un hombre normal, que ha probado las amarguras del fracaso económico, más veces de las que me gustaría. También tengo muchos amigos, mentores y socios que han pasado por situaciones similares. ¿Sabes? Me di cuenta que la gran mayoría de esos fracasos financieros pudieron haberse evitado si las personas contaran con la información adecuada para guiarlos antes de que semejante cosas suceda (y también después).

No soy economista ni financiero y jamás he trabajado en un banco. Éste no es un libro avanzado de finanzas o economía, no pretendo que sea un texto universitario para tales carreras. Es un libro para ayudar a todas las personas que carecen de estos conocimientos, conocimientos que con mucho trabajo he adquirido.

Por sobre todo es un libro con mucho, mucho amor.

¿Por qué escribí éste Libro?

Pues para evitar el sufrimiento. Sé que el hecho de estar en quiebra genera mucho dolor, pero tamién es causa de separación familiar, adicciones, depresiones, incluso suicidios. A mí me costo mucho trabajo salir y quiero ayudar a las personas a evitar en la medida de lo posible pasar por las mismas ciscunstancias. Tal vez juntos podamos ayudar a salvar familias, sueños, vidas. A lo mejor soy muy ambicioso en ese sentido, pero en verdad creo que podemos marcar una diferencia y ayudar a evitar el 70%de los fracasos financieros. ¿Me ayudas?

Ningún Dinero vale más que tu vida.

Quizás lo mas importante para recalcar es que ninguna cantidad de dinero es más valiosa que tu vida, que ninguna vida humana.

De hecho la vida humana es lo más sagrado en éste planeta. Te lo digo porque uno puede deprimirse mucho cuando le debes todo el dinero al banco y no tienes como pagarlo. Y las agencias de cobranza, ¡vaya que son persistentes! Además te amenazan muy sutilmente, pero lo hacen y te dicen que te van a embargar, que te vas a ir a la carcel, que tienes que pagarles todo. De verdad infunden temor y ese es su trabajo. Y de pronto no ves una salida, todo se ve demasiado lúgubre, pesado.

En momentos así puede parecer una opción el quitarse la vida. Lo sé. Lo pensé de hecho. Es dififícil admitirlo y sé que muchos podrían juzgar eso, pero te lo comparto para que comprendas lo desesperado que me sentía y porque alguien que conozcas pueda estar pasando por lo mismo.

Vida sólo tenemos una, no sabemos que hay más allá, no sabemos que sucederá después; sólo tenemos la certeza de la que tenemos aquí y ahora. ¿De verdad vas a abandonar ésta maravillosa oportunidad, tan rara en el Universo, de vivir, respirar, amar, gozar, abrazar y bailar, sólo por dinero? El dinero es un invento humano, esta hecho para servir a tus propósitos, no para acabar con tu vida.

Sólo puedo decirte que la vida es demasiado maravillosa como para dejarla por unas deudas, demasiado única como para abandonarla. Lo que lograste hasta ahora, lo que has construído, lo puedes volver a hacer, en una fracción del tiempo, porque ya tienes los conocimientos. Por favor, por la humanidad, por tu familia, ¡NO TE RINDAS!

Mejor acompañame y vamos a ver si hay alguna solución oculta en este libro para ti.

Los problemas de Dinero, no se resuelven con Dinero...

... si no, con creatividad. Eso lo he aprendido de grandes maestros, y me he dado cuenta que es verdad. Yo me puse muy creativo cuando estuve en quiebra y eso me abrió nuevos y fantásticos caminos y otros que descubrí eran un error. Pero aprendí, crecí y soy mejor gracias a eso. Así que, piensa en soluciones creativas para salir de estos problemas, en vez de conseguir más dinero prestado y seguir hundiéndote más.

Toda crisis financiera te hará crecer si pasas por ella. Eso debe quedar claro y crecerás mucho. Desde luego el precio será muy alto. Mi intención es que, al leer este libro te ayuda a lograr ese crecimiento, sin pasar por toda la tormenta. En cualquiera de los casos, la creatividad que le pongas hará crecer tus riquezas.

No hay garantías en la vida.

Tampoco puedo garantizarte que por el sólo hecho de leer éste libro, vas a estar exento de fracasos. Sí te voy a dar a muchas herramientas para evitarlos, para disminuir radicalmente las probabilidades de que suceda. Y aún así, habrá cosas que no vamos a poder ver y cosas que no vamos a poder evitar. Como recesiones, desastres naturales y a veces nuestras propias causas internas.

Lo que sí puedo asegurarte es que sé muy bien lo que te estoy diciendo. Estás claves han sido producto de años de aprendizaje de maestros y la propia experencia. En el siguiente capítulo hablaremos más de esto. Y sabes, aunque me encanta hablar en público, me gusta que mis libros sean muy accesibles en su contenido y bastante concretos. Así que vamos a comenzar.

CAPÍTULO UNO: NO SABER EDUCACIÓN FINANCIERA.

Cuando mi familia, allá por 1994 quedó en quiebra, no teníamos ni idea de que era la educación financiera ni con qué se comía. Y vaya creo que muy pocas personas tenían una idea. Fue algunos años después (1997) cuando un tipazo llamado Robert T Kiyosaki publicó un libro que se llama "Padre Rico, Padre Pobre" aunque yo me enteré de esto mucho después, pero se me hacía chocante el título. Así que no lo leí hasta por ahí del 2007.

No me voy a meter en muchos rollos al respecto, pero sí te puedo decir que la mayoría de las personas tienen muy baja o nula Educación Financiera (EF, para abreviar), muchos ni siquiera saben que existe, muchos no creen que funcione y otros se creen expertos por leer tres libros.

Yo no tengo una licenciatura en finanzas o contabilidad. De hecho hasta los 23 años odié las matemáticas (ya te hablo de eso más adelante). Pero sí me dieron ganas de aprender mucho del tema, leer libros, ir a conferencias, seminarios, aprender de gente exitosa financieramente.

Me di cuenta de algo, las personas que saben más de EF tienen menos probabilidades de quebrar y si quiebran tienen más probabilidades de, no sólo recuperarse, si no de lograr más de lo que tenían. De hecho el nivel socio económico va muy de la mano con los conocimientos de E.F.

Tomamos decisiones que NO entendemos.

No sabemos como funciona el dinero, no sabemos como usarlo, ni como utilizar productos bancarios. No sabemos de los impuestos ni de inversiones. Entonces usamos el dinero de manera irresponsable (lo siento, pero así es). Y cuando nos va mal nos quejamos, lloramos y reclamamos a Dios el "¿Por qué me pasa esto a mí?" Es normal, no sabíamos que onda. No es nuestra culpa, pero sí nuestra responsabilidad. Afortunadamente hay maneras de arreglarlo.

Los Baícos son básicos siempre.

Igual ya te los sabes, igual y no. Pero sí quiero dart, de entrada unos conceptos basícos y algunos datos para ayudarte a ti y a los tuyos a entender el dinero. No te preocupes, a lo largo del libro vamos a ver más información al respecto, voy a tratar de compartirte todo lo que sé sobre el tema sin hacer que te duermas (y sé que no te has dormido, porque sigues leyendo). Sólo una cosa más, ve esto como algo divertido, pues si te divierte aprender del dinero te divertirá ganarlo.

¿Qué es el dinero?

El dinero es un medio de pago. A ti te pagan en tu empleo por tu tiempo con dinero. Tú pagas en el súper mercado con dinero los bienes que necesitas. Y se piensa que éste dinero tiene algún tipo de respaldo que le da valor. Este respaldo puede ser el Oro.

En el año de 1944, a punto de terminar la Segunda Guerra Mundial (Y cuando ya sabían quién iba a ganar) Los E.E.U.U. hicieron una conferencia de naciones (Bretton Woods) donde fijaron un patrón del Oro a 35 dólares la onza. Así mismo establecieron el dólar como la moneda oficial del comercio en el mundo (sí, la historia la escriben los que ganan). Entonces el dinero sí estaba respaldado por el metal dorado.

A esto se le conocía como el Patrón del Oro, así que por cada 35 dls te daban una onza del metal, lo que muchos aprovecharon para ir vaciando las arcas de ese país. Así que en 1971 el presidente Richard Nixon decidió quitar el patrón del Oro, quitando el respaldo del metal en el papel moneda y convirtió al dólar en un valor fiduciario (es decir una mera promesa de pago, respaldado por la reputación económica de cada nación). Para que te des una idea, el día de hoy la Onza de Oro cuesta $1,488 dólares (comparada con los 35 dls de 1971).

Entonces hoy hay mas dinero circulante que nunca en la vida porque ya no tiene relación con el oro, es básicamente dinero de monopolio, un código binario en las computadoras de los bancos. Y pueden hacer más cuando deseen, como en el juego de Monopoly, aunque esto puede generar inflación (no nos meteremos en ese tema. Así que el valor de tu dinero es una promesa de pago, sustentada en la confianza que ofrece la economía de un país y no está respaldado por el Oro de la nación.

Activos Y Pasivos.

Un profesor de Contabilidad me lo explicó de manera muy gráfica en la universidad, pero funcionó porque se me quedó bien grabado. Activo es cuando comes, Pasivo es cuando vas al baño. Es decir: Activo es todo lo que entra, Pasivo es todo lo que sale.

Kiyosaki lo explica así: "Un activo es todo lo que pone dinero en tu bolsillo. Pasivo es todo lo que saca dinero de tu bolsillo".

Va un poco en contra del concepto tradicional de contabilidad: "Activos son tus derechos, Pasivos tus obligaciones".

Por ejemplo, en la contabilidad tradicional tener un auto es un activo porque es un valor que tú tienes. Para Kiyosaki ese mismo auto es un pasivo porque lo tienes que ir pagando, tienes que pagar impuestos, gasolina, mantenimiento, etc.; pero sería un Activo si por ejemplo lo rentaras como Taxi o Uber. No me voy a meter más en esto, pero sí aclaro que para los propósitos de este libro nos quedamos con el concepto de Kiyosaki (que también utilizan muchos autores, economistas y millonarios).

No te quedes sólo con lo que te doy (por favor).

Gracias, millones de Gracias, por haber adquirido éste material que hice con tanto cariño y deseos de ayudar. Pero por favor que no sea tu único contacto con la educación financiera. Aprende más, conoce más y júntate con personas a las que les vaya muy bien financieramente.

Créeme, sin lugar a dudas, que tus conocimientos de EF pueden ser la diferencia entre el desastre económico que arruinó tu vida y la vida de tu familia, y una agradable estabilidad financiera para ti y tus descendientes.

¿Recuerdas que hablamos acerca de que la mayoría de las personas no tienen ni idea de la EF o no les interesa? Por esa razón la mayoría de las personas se están tronando los dedos a mitad de quincena para pagar sus deudas, están en cartera vencida o viven al día con sus gastos. De verdad esa no es forma de vivir ¡Y LO SABES!

Te voy a recomendar los Cuatro libros básicos de EF. No me pagan regalías por el comercial, pero creo que son fundamentales para tu educación. Ya después de ellos, tú podrás encontrar mucho más material ¡porque sabrás que estás buscando! No van en un orden específico, pero primero te voy a dar el del único autor de ellos, de quién he aprendido en persona, con quién he podido convivir, que además admiro mucho y es un gran maestro para mí.

- **El Código del Dinero** –Raimon Samsó.
- **El hombre más rico de Babilonia** –George S Clason.
- **Los secretos de la mente millonaria** –T Harv Eker
- **Padre Rico, Padre Pobre** –Robert Kiyosaki.

Y no me digas que están muy caros porque cuestan más los pantalones que traes puestos y esos no te van a cambiar la vida. Compra uno al mes, leelo dos o tres veces, toma notas.

¿Qué vas a lograr al aprender EF?

- Manejar mejor tus finanzas y las de tu negocio (si tienes uno).
- Aprender entre gasto, ahorro e inversión.
- Disminuir las probabilidades de una quiebra financiera.
- No regalar tu dinero.

- Comprar más sabiamente.
- Tener un panorama financiero a futuro.
- Mejorar tu relación con el dinero (Sí, de eso hablaremos)
- Ser la persona que siempre da consejos de finanzas y a quien nadie de su familia escucha (Digo, eso me pasa a mí, pero también te puede pasar)
- Convertirte en la única persona de tu trabajo que no tiene que pedir prestado a media semana...
- ...ni le entra a la flor de la abundancia...
- ... ni lo estafan con un negocio que te hace millonario de la noche a la mañana.
- Tendrás amistades que hablan ese mismo lenguaje (esas amistades te convienen).

Obviamente no hay garantías, tienes que aplicarte, aprender y desaprender muchas cosas también, pero eso lo puedes lograr. Y valdrá la pena.

Intento concretar lo más posible, como ya te había mencionado, así que no esperes capítulos de 20 páginas. Quiero hacer esto lo más ágil y ameno posible. Así que vamos a el Capítulo Dos, donde te voy a contar el porqué odiaba las matemáticas, e igual y te identificas conmigo en eso.

CAPÍTULO DOS: MATEFOBIA

Yo era un niño medianamente aplicado en la primaria (no me gustaba hacer tareas y ¡aún no me gusta!). Pero llegando a la secundaria todo cambió, empecé a reprobar materias, básicamente todas aquellas que tenían que ver con números y ciencia.

No tengo una facilidad natural para los números como muchas personas. Mis habilidades son más bien verbales y de comunicación (deberías verme hablar). Así que me tardaba más en entender cosas que para otros resultaban muy simples. Era cosa de tenerme paciencia e irme guiando. Desafortunadamente mi maestra de matemáticas en la secundaria era de esas personas poco pacientes, que dan la apariencia de odiar su trabajo, tal vez poco entrenada, que quería que yo avanzara al ritmo normal de la clase. Yo lo intentaba pero no podía.

Entoncés ya sabes, se desesperaba y me decía cosas como: "Eres un burro, un tonto. Nunca vas a aprender. Nunca vas a lograr nada en la vida". Es increíble como se nos quedan grabadas esas cosas. Total que me hizo odiar las matemáticas y claro me fui a todos los extraordinarios. ¿Alguien más se identifica con esto?

En la Preparatoria no me fue mejor, aunque desde luego que tenía un mejor profesor al que sí le gustaba su chamba, pero yo ya estaba muy espantado con las mates, así que no fue un lindo paseo y una vez más todos los exámenes extraordinarios. Tanta era mi aberración que decidí no estudiar nada que ver con los números y me fui al propedeútico de ciencias sociales (cero números, mucha diversión). De hecho presente examen de admisión para Comunicaciones en la UAM pero me rechazaron.

Total que yo odiaba las matemáticas, las ciencias y todas esas cosas que me habían dado pesadillas y hecho creer que yo era así como incapaz de ententer, hasta que un bello día, prendí la televisión mientras desayunaba y ahí vi un programa llamado "Discovery en la Escuela" donde enseñaban matemáticas y ciencias con amor, con pasión y de forma divertida. En ese momento me reencontre con los números y las ciencias. No sólo somos muy felices ahora, sino que no puedo concebir mi vida actual sin estos elementos.

¿Por qué te cuento todo este rollo sobre mi vida? Pues, porque sé que muchas personas se sienten identificadas conmigo, sé que muchos han pasado por situaciones similares y sí es así te envío un gran abrazo. Esa aberración a los números te hará fracasar financieramente siempre y si tienes un negocio, esa misma aberración también lo va a hundir.

¿Por qué? Porque te da "flojera" o "ñañaras" calcular los intereses de tu tarjeta o tu crédito bancario o hacer un presupuesto de ingresos y egresos trimestral, o ir anotando tus gastos, saber cuanto pagarás de impuestos o incluso lo que te van a costar realmente tus vacaciones.

De hecho si no haces números sobre tu vida constantemente te estás perdiendo de grandes oportunidades y también te estás arriesgando muchísimo a que te vean la cara y alguien se quede con tu dinero.

La verdad es que ahora uso los números para todo y eso también lo aprendí de uno de mis más grandes mentores en la vida, Juan Luis Rangel, que es Actuario, y me enseñó a ponerle números hasta a la sopa. De hecho muchas decisiones en mi vida van respaldadas por números y esto me ha ahorrado mucho dinero, dolores de cabeza y no sé cuántas cosas más.

No tienes que ser un Einstein.

Levanten la mano quienes usaron una ecuación cuadratica lineal en éste año para resolver algo cotidiano en su vida. Eso pensé. El hecho de tener una buena relación con los números no significa que te vas a volver un científico loco o un genio matemático (claro, que puedes hacerlo si gustas). Simplemente te vas a volver una persona más integral y más feliz. Desgraciadamente no puedo darte terapia individual para ayudarte, pero puedo darte unos simples tips para aplicar a tu vida cotidiana. Y bastan, generalmente, las cuatro operaciones básicas: Sumar, Restar, Dividir, Multiplicar. De hecho, puedes hacerlas en la calculadora de tu celular (aunque hacerlas mentalmente o en papel te va a yudar muchísimo en la vida, sin importar la edad que tengas).

Mantenlo Simple y Divertido.

Imagina que eres el súper directivo (a) de una empresa multinacional Llamada "Tú (tu nombre) International Inc". Y tu misión es mantener la solvencia financiera de tu organización. Para tal fin requieres reportes constantes y actualizados de todas las operaciones de la empresa. ¿Cuánto entró de dinero hoy y cuánto salió? ¿Cuánto debemos? ¿En qué estamos gastando? Tal vez debas comprar una libreta para esto o si prefieres usar el Excel de Windows (Yo prefiero la libreta, soy más físico, más tactil, más modelo clásico).

Compra una libretita que quepa en tu bolsillo y un buen lapícero, llévalos a todos lados. Apunta la fecha y lleva un registro de cuanto gastas cada día. Así compres un chicle, lo apuntas.Al final del día sumas, también al final de semana y de mes. Fíjate en cuáles son los rubros en los que más gastas. También anota cuanto dinero ingresas, sobre todo si te dedicas a las ventas o tienes un negocio (Sí, también si haces mercadeo en red).

Compráte un Turista o Monopoly. ¿Sabías que hay una sola compañía que hace el Monopoly? Eso es un verdadero monopolio (yo sí me reí). Estos juegos son buenísimos para aprender a usar los números, a hacer cuentas y aprendemos de ingresos y egresos. Te divertirás mucho ¡y esa es la idea! Juega al menos una vez al la semana, con amigos o familia. Y si algún día puedes conseguir el juego de "Cash Flow" de Kiyosaki (sí, el de Padre Rico, Padre Pobre) ya sea físico o virtual, sería increíble.

Calcula cuánto te cuesta. Si te venden un auto en la agencia, nuevo y te piden un enganche de $25,000 y mensualidades de $2,000 por 50 meses, más 5 pagos de $4,000 cada doce meses. ¿Cuánto te costó el auto? Así es, $145,000 No es mucho para un auto, a menos que su valor de contado sea $100,000, lo que significa que estarías pagando unos $45,000 de intereses (es casi la mitad del valor del vehículo. Eso sin contar la depreciasión de un vehículo nuevo, que es alrededor del 30% del valor de mercado, en éste caso unos $30,000, tan sólo por salir de la agencia. Es decir, ya estamos pagando unos $75,000 pesos extras. Más la depreciación de un 10% por año, serían unos $50,000 en total, más lo anterior son unos $120,000 por un carro que valía, 100 y por el cual pagaste 145.

Si compras el mismo auto en seminuevo en la agencia, te ahorras la depreciación del 30%, y el precio de mercado es más bajo. Aún pagas los intereses desde luego. ¿Y si ahorras por 5 años, esos $2,000? Tendrías $100,000 y lo podrías pagar de contado. ¿Te estoy diciendo con esto que no compres un auto a nuevo a crédito? No. Te estoy diciendo que hagas números y veas en que te metes realmente, ya después tomas una decisión INFORMADA. Qué es lo que la mayoría de las personas no hacen. Ya sea para comprar un auto, una casa, empezar un negocio, salir de vacaciones pedir préstamos y todo en tu vida.

De verdad, entre más lo haces más le agarras la onda y más te diviertes. A lo mejor piensas que soy muy nerd, pero ten en cuenta que te lo dice el tipo que odiada los números en la prepa. Ahora tengo una carrera de económico administrativas y llevaba muchos números.

Conocer muchas cosas, como la Ley de Pareto, la famosa 80/20. O calcular cuantás personas tienes que conocer para encontrar pareja o incluso como organizar las 24 horas de tu día para que sean más productivas y felices (La vida es muy corta para pasársela durmiendo o viendo tele, o perdiendo el tiempo en redes sociales).

Así que métele números a todo, diviértete y vas a ver que

tomarás mejores decisiones financieras y de vida. Porque en el siguiente capítulo vamos a hablar de algo que en lo personal me duele mucho y que es un problema de las personas que están en números rojos. Probablemente tú tengas éste problema, y ni quisiera lo sabes. Pero no te preocupes, no te lo diría si no lo pudieramos solucionar. Así que vamos.

CAPÍTULO TRES:
IRRESPONSABILIDAD FINANCIERA.

Te voy a contar, aquí entre nos, como gastaba mi dinero como empleado. Espero no me juzgues.

Mi mejor etapa como empleado fue como Técnico Radiólogo, ganaba bien pero tenía mucho estrés y en la ciudad donde vivo no hay así como muchas cosas que hacer; así que cada quincena iba al mercado compraba despensa (todo lo que hiciera falta y ciertos "lujitos" también, luego le daba algo de dinero a mis padres y el resto... se iba completamente.

Sí llegaba a comprar algún libro, algo de ropa, pero mayormente se me iba en fiesta, en socializar. De hecho de jueves a domingo me la pasaba "socializando" con mis amigos (te dije que tenía mucho estrés). Básicamente la mejor opción que me sabía para relajarme era la fiesta, el alcohol, bailar, ¿ya mencioné el alcohol? Era así como alcohólico social y era muy sociable. Realmente (y afortunadamente) nunca tuve problemas serios a causa de beber, de hecho era sumamente responsable para trabajar, para con mi familia, y no hacía demasiadas tonterias.

Todo ese dinero se uso para enriquecer a los dueños de muchos lugares, pero no a mí. No lo ahorré, no invertí, no compré un auto o una propiedad ¡ni siquiera lo puse debajo del colchón! No construí ningún patrimonio para el futuro, ni siquiera para el inmediato.

Muchos dirán "está bien, eras joven, tenías que divertirte". Sí, pero pude haberme divertido sin derrochar, pude haber usado mi dinero sabiamente. Obvio no tenía toda la infiormación que ahora comparto contigo y más bien operaba sobre patrones de conducta aprendidos. No puedo echar marcha atrás, no puedo deshacer lo que hice y tampoco tengo una maquina del tiempo, así que lo único que puedo hacer es ayudarte a no cometer los mismos errores. ¡Por favor, aprende de mis errores!

Hay gente que sí sabe que hacer con tu dinero... mucha gente.

Decía P. T. Barnum (el hombre del espectáculo que invento el circo de tres pistas y los "freak shows") "nace un tonto cada minuto" refiriéndose a la cantidad de personas que compraban sus espectáculos truqueados o fraudulentos. Yo era un tonto, no sabía que hacer con mi dinero, pero alguien más si sabía.

Por ejemplo, los dueños de los bares. Ellos usaban mi dinero para ampliar su negocio, para pagar sueldos e inventario. También lo usaban para pagar la educación de sus hijos o su casa, incluso para viajar por el mundo.

También los dueños de restaurantes, los que venden ropa, los del Banco... había tantas personas que sabían que hacer con mi dinero y ¿sabes qué? Ahora hay muchas personas que sabrán que hacer con tu dinero, si TÚ no lo utilizas sabiamente. Mira, bastante tienes con enriquecer a tu jefe, al gobierno, como para todavía enriquecer a más personas ¡que no son tu familia!

Pues para eso trabajo...

Es una típica frase que se usa en México para justificar cuando alguien está a punto de derrochar su dinero, siento herir suceptibilidades, pero es la verdad. Cuando sabes que vas a comprar algo muy caro, que no necesitas o que es meramente un capricho. Y no digo que sea malo darse un capricho de vez en cuando, pero para eso también hay formas.

Lo triste es que usamos nuestro dinero y nuestro crédito como si fuera la corriente de agua de un grifo que nunca jamás, jamás se va a acabar. Una corriente que no es suceptible a desastres naturales, finacieros, a condiciones sociales ni personales. Gastamos como si el dinero nunca se fuera a acabar, lo damos tan por seguro... pero seguros sólo la muerte y los impuestos (decía Benjamín Franklin).

La mayoría de nosotros somos irresponsables con el dinero. De hecho, esa misma irresponsabilidad es la causa de las crisis financieras, como en 2008, donde los bancos prestaban dinero sin, básicamente, ningún tipo de historial o garantía. Se pensaba que esta "bonanza financiera" iba a durar para siempre y terminó siendo una de las mayores debacles de la historia. Hay personas que perdieron sus casas, sus fondos de pensiones, incluso su vida. Y todo esto por la misma irresponsabilidad que me hacía gastar mi dinero en fiestas. Es el mismo concepto. Opera de la misma manera en la mente.

Pero ¿sabes que es lo peor? Que ese mismo patrón esta detrás de mis dos quiebras financieras.

¿Sabes que es aún peor? Que ese mismo patrón de irresponsabilidad es la causa de la mayoría de las quiebras del mundo y de las más escandalosas.

Se consiente de esto: La fuente del dinero se puede secar.

Por muchas causas, algunas incluso fuera de tu control. Nosotros no podíamos para una crisis financiera causada en otro país. No puedes para un terremoto o un huracán. Las enfermedades a veces esas tampoco las vemos venir. Sin mencionar que, a futuro, podrías perder tu fondo de pensión (aunque te digan que no es posible, pero sí hay precendentes) o perder tu casa. Incluso podríamos volvernos refugiados o migrantes, por más difícil imposible que ahora te suene. No, no quiero espantarte, quiero que seamos conscientes de que no hay garantías en la economía, que la seguridad es una ilusión muy frágil y que las cosas cambian de la noche a la mañana, a veces para bien, a veces no.

No todo lo que compras lo necesitas.

La mayoría de los hogares (si no es que todos) en México, américa latina, y creo en el mundo, tienen cajas o repisas llenas de "cositas" que sólo se usaron una vez, o nunca. Cucherías que no sirven a ningún próposito y que nunca lo hicieron. Pero en el momento, se te hizo algo lindo, te llamó la atención.

¿Cuántas veces has comido en un restaurante pagando con dinero que no tienes o te hace falta, cuándo bien podías haber comido en casa? ¿Cuánta ropa has comprado a un precio excesivo sólo porque es "de marca", para deslumbrar a alguien o sentirte importante?

¿Está mal tener cosas lindas? ¿Está mal darse ciertos lujos? No, claro que no y mil veces NO. Lo que pasa es que gastar dinero que no tienes o lo poco que tienes, para llenar vacíos que jamás se van a llenar, para impresionar a alguien a quién no le importas o para aparentar algo que no eres, puede ser una bomba para tu vida. No te lo digo en mala onda ¡yo hice lo mismo! Y de verdad no funciona. Así que, antes de comprar algo, pregúntate:

- ¿Realmente lo necesito? ¿Por qué?
- ¿Qué pasa si no lo compro?
- ¿Lo puedo pagar de contado?
- ¿Me siento bien al pagar este precio por esta mercancía?

Tú has tu auto- evaluación. Si es algo que realmente necesitas, por una razón que convencería a un tacaño, si trae consecuencias negativas no comprarlo ahora, si lo puedes pagar de contado y si te sientes bien al pagar ese precio ahora; pues ya está listo.

Voy en el súper mercado con mi carrito, veo un bote de crema de cacahuate.

¿Realmente lo necesito? Sí. ¿Por qué? Es un alimento que puedo usar en casos de prisa o urgencia. ¿Qué pasa si no lo compro? Puedo pasar hambre en algunas ocasiones y tendría que comprar otras cosas al momento. ¿Lo puedo pagar de contado? Sí. ¿Me siento bien con su precio? Sí. Pues lo puedo comprar, pero también puedo no hacerlo, esta vez lo haré.

Voy en el súper mercado con mi carrito, veo paquete de botes se shampoo y acondicionador de viaje, para rellenar. Y me gustan.

¿Realmente lo necesito? No ¿Por qué? No tengo planes de viajar en los siguientes meses.. ¿Qué pasa si no lo compro? Pues supongo que lo puedo comprar después. ¿Lo puedo pagar de contado? Sí. ¿Me siento bien con su precio? Sí. Bueno, pues No lo compro, a pesar de tener un buen precio, sé que estará guaradado no sé cuánto tiempo y lo puedo comprar después.

Voy en el centro comercial, veo una oferta "Jeans para caballero, 2X1" y es la marca que me gusta, además amo los jeans.

¿Realmente lo necesito? No ¿Por qué? Todos mis jeans están en buenas condiciones y no los uso mucho, así que aún duran bastante. ¿Qué pasa si no lo compro? Absolutamente nada, aunque la oferta me emociona. ¿Lo puedo pagar de contado? No, estoy a mitad de quincena. ¿Me siento bien con su precio? Desde luego que sí. Y así NO me compro jeans nuevos.

Sé que son ejemplos muy siemples, pero quería guiarte sobre el proceso de decisión.

Valora tu dinero.

El punto es que todo lo duro que trabajas, todos los sacrificios que haces para ganarte ese dinero (levantarte temprano, aguantar al jefe, el tráfico, ponerte ropa que no te agrada) es algo muy valioso como para ir a derrocharlo. De verdad, ¿no sientes feo regalar lo que tanto tabajo te costó en "cositas" que no necesitas"? Porqué cuando yo me di cuenta me sentí terrible. El chiste es que sí puedes darte lugos, comprar cosas bonitas, pero a través de procesos de decisión consientes, inteligentes y no por mero impulso.

Una clave importante de la EF es, que en vez de bajar tus sueños al tamaño de tus ingresos, incrementes tus ingresos al tamaño de tus sueños. También hablaremos de eso. Lo importante es recordar que no comprar algo no es un sacrificio sino un intercambio por algo mejor más adelante. Recuerda que los años que vas a estar en éste mundo, que esperemos sean muchos, debes pasarlos lo mejor posible, así que no solamente cuidas tu dinero ahora sino que lo cuidas para el mañana, y el mañana lo construyes hoy. Antes de gastar se responsable, **Piensa en el Futuro.**

Controla tus gastos por Tres meses.

¿Recuerdas que hace poco hablamos de la libreta de gastos? Sí, donde ibas a anotar todo lo que gastabas e ibas a hacer un corte diario, semanal y mensual. Hazlo por tres meses. Si tienes conyuge, pues lo cada quién con su libreta y hacen el corte juntos. Si tienen hijos y les dan dinero, lo anotan también. Si los hijos son algo grandes, que también lleven su control ¡pídeles cuentas!

Cada mes checa los 10 rubros en los que más gastaste. Haz una lista.

Los 10 consumos más frecuentes. Haz una lista.

Piensa en las 10 cosas que bien pudiste no comprar, pero lo hiciste. Haz una lista.

Al terminar los tres meses has un balance general del trimestre, evalúa los gastos que debes recortar o disminuir. Esto te va a ayudar a valorar más tu dinero y entender la forma en que lo usas. A mí me resulto molesto, incluso doloroso, pero me funcionó de maravilla. Pude recortar mis gatos en alrededor de un 20% y pude utilizar mejor ese dinero.

Ya me extendí mucho por aquí, pero espero que todo esto te sea de mucha utilidad. Porque ahora vamos a hablar de una de las armas de destrucción económica más poderosas y terribles, es tan cotidiana, que pasa inadvertida hasta que ya es muy tarde. Ven, que te explico, toma una taza de té o café, lo vamos a necesitar.

CAPÍTULO CUATRO: COMPRAR PASIVOS A CRÉDITO.

Esto es potencialmente preligroso para tu economía y la de tu familia. En terminos simples, podría ser el equivalente a dispararte en el pie...¡Con un misil!

Antes de espantarte vamos a entender que significa todo esto.

Vimos anteriormente que:

Un Activo: Pone Dinero en tu Bolsillo.

Un Pasivo: Quita Dinero de tu Bolsillo.

Es decir, el Activo te da a ganar algo, el pasivo te cuesta y no te da a ganar nada. Entoncés ¿los pasivos son malos? Claro que no. Por ejemplo, esas vaciones soñadas a la playa son totalmente un pasivo, pero no son malas. El helado que te compraste el domingo, es un pasivo, también tu televisor, tus jeans, etc...

Claro que hay pasivos que son necesarios, como la ropa y el teléfono; otros son indispensables, como la comida y el servicio médico, por ejemplo. Y hay otros que te ayudan a generar Activos, es decir, no te dan a ganar dinero directamente, pero te ayudan a hacer lo que necesitas para conseguirlo.

Pero, muchos de los Pasivos, sin importar su categoría, suelen ser lujos innecesarios, de verdad. Por ejemplo, esa pantalla plana de 50 pulgadas en tu recámara ¿realmente la necesitas? ¿No hacía la misma chamba una de 21 pulgadas?

Y sí necesitas comer, pero ¿de verdad tenías que ir al restaurante más caro de la ciudad y gastar el 5% de tu ingreso en comida?

No estoy diciendo que no te des ciertos lujos o que no te cumplas ciertos caprichos, de hecho es fantástico hacerlo y claro que te lo mereces, PERO!!!!!!! (SÍ, CON MAYÚSCULAS), ¿realmente tienes que cargarlo a tu tarjeta de crédito? O ¿pagarla con el préstamo que te dio el Banco?

Como dijo el vigía "¡¡ Iceberg Adelante !!" (Ya sabes como terminó esa historia).

¿Por qué te lo digo?

Existen dos tipos de deuda en éste mundo: La buena que se usa en Activos y te hace ganar dinero; y la mala que se usa en pasivos y te hace perder dinero.

Si te vas a cenar a un restaurante con tu pareja y te gastas $50dls, puedes decidir pagarlo con tarjeta, siempre y cuando tengas la certeza que en tu cuenta de banco tienes el dinero suficiente YA para cubrir el total de la deuda de dicha tarjeta.

Es decir, a lo mejor el total de tu deuda en la TDC, es de $200dls, y con ésta cena serían $250, pero en el banco sólo tienes $200, entonces la respuesta es: NO VAYAS A CENAR, mejor ve a un lugar en dónde puedas pagar con el efectivo que traes en tu bolsillo o mejor aún, quédate en casa.

No soy un tipo de Ogro Comunista del Dinero y los lujos, tampoco quiero que vivas tu vida como monje budista (cosa que tampoco es mala), quiero que vivas libre de deudas malas y problemas financieros.

Te voy a explicar el porqué. A lo mejor dices, bueno no tengo el dinero para esta cena de $50, pero lo voy a tener, en dos semanas me pagan en mi empleo o un cliente me deposita mañana o luego veo como lo repongo, PERO no tienes al 100% la certeza de que tendrás el Dinero. ¿Qué pasa si la empresa donde laboras quiebra ésta semana y no pueden pagarte el sueldo? ¿Si el cliente no te paga (lo cuál es muy común)? ¿Qué tal que tu optimismo no tiene ninguna base real? En ese caso le vas a deber al banco intereses.

Los intereses son muy buenos cuando te los pagan, son nefastos cuándo te los cobran y el banco te los va a cobrar. Son peores cuándo se acumulan, es como un efecto "bola de nieve" que se transforma en el "abominable hombre de las nieves". Lo peor es cuándo tus ingresos caen y no tienes ni como pagar. Al banco no le importa, ellos quieren su dinero y harán todo lo necesario para tenerlo de vuelta... con intereses.

Seguramente pensarás, "Bueno, pero que yo me quedé sin dinero es casi imposible". "Mi empleo lo tengo muy seguro", "Mi empresa es sólida" "Estoy ganando más que nunca". Yo pensaba igual y ¡ZAZ! De pronto las cosas cambian. Imprevistos, accidentes, problemas de salud, crisis financieras, cambio de leyes, etc. Y cuando te das cuenta...

Por darme mis lujitos...

Tenía como 25 años de edad y contaba con un buen empleo, me iba bien y me dieron una tarjeta departamental. Estaba emocionado, era mi primera. Y claro que le di un buen uso. Compré muchos lujitos: ropa, cámara digital, una televisión y no recuerdo que más. No había problema en pagar y me sentía realizado. ¿Qué pasó?

Mi pareja me dejó, me deprimí mucho, renuncié a mi empleo por esa depresión (sí, yo tonto) y con el poco dinero que tenía empecé a algunos negocios de distribución de mercancías, es decir, yo compraba mercancía barata y la vendía a precio de mercado. Todo iba bien, pero eran mis primeros emprendimientos. En algún momento y por divesas causas tronaron y me quedé sin un centavo.

No podía pagar la tarjeta, pero a ellos no les importaba. Me seguían cobrando, me llamaban a mi casa, al celular y a todas horas. Angustía, estrés, ansiedad, frustración, depresión, todo eso en un mismo paquete. Sí, sé lo que es, por eso no quiero que le pase a nadie más.

Tardé como 8 meses en conseguir otro empleo y poder empezar a pagar mi deuda, con sus consabidos intereses, intereses moratorios, gastos de cobranza. Total que fue horrible, pero lo pagué.

Esas cosas en las que gasté, para cuando terminé de pagarlas valían como la mitad de cuando las compré y ya había mejores a la venta. Fue una mala decisión en todos los sentidos.

No quiero que te pase lo mismo.

Y, ¿si compro a meses sin intereses?

Suena bien padre verdad, sin intereses, 18 meses, pagos fijos. Pero ¡Cuidado! Puede ser una trampa.

Imagina que compras una pantalla en $500dls, y tu TDC tiene un límite de crédito de $600dls, es decir que te comiste casi todo su pontencial en algo que vas a pagar a doce meses. Por ejemplo, pagarías $41.67dls al mes, lo que abonaría, a penas, la misma cantidad a tu cuenta. Eso te quita potencial de pago para emergencias, inversiones e imprevistos.

Volvamos al asunto de la certeza. No puedes estar 100% seguro de que tendrás dinero al siguiente mes, tal vez un 99%, pero ese 1% puede ser catastrófico. Truena tu empresa, te despiden y no te liquidan, enfermedad crónico degenerativa de alguien en tu familia, que tú te enfermes, hay una crisis financiera, recesión, outsourcing (sub contratación), desastres naturales (como los terremotos de 2017 en México), cambio es las leyes ¡VAYA! Hay tantas cosas que pueden salir mal. ¿De verdad vas a arriesgar tu futuro financiero y tu salud por una pantalla?

Además si no pagas te va a generar intereses muy grandes y acabarás pagando dos o tres veces su valor de mercado.

No es por darte miedo, pero ¿ya lo habías considerado?

Una ruta para evaluar.

Entoncés ¿cómo puedo evaluar qué comprar y qué no? Dicen que para obtener las respuestas correctas hay que hacer las preguntas correctas.

- ¿Realmente lo necesito o sólo me atrae tenerlo?

Es triste pero muchas de las cosas que compramos son sólo caprichos con los que intentamos llenar vacíos emocionales (lo siento). Por ejemplo un auto o ropa más costosos de lo que podemos pagar.

- ¿Realmente lo necesito ahora, o puede esperar?

Hay cosas que sí necesitamos pero no en éste momento.Como una maleta para viajar, pero no viajarás hasta el siguiente año o semestre.

- ¿Me sirve igual algo similar o en una versión más económica?

¿O algo menos caro puede hacer el trabajo? Tal vez no necesitas el celular de gama más alta. Tal vez uno de gama intermedia o baja, o uno usado pueda cubrir tus necesidades.

- ¿En verdad vale lo que cuesta?

Checa su valor. Hay cosas que por la marca o el lugar donde las compras, cuestan más de lo que valen. ¿Qué tal que buscas en otros lados algo con las mismas características?

- ¿Puedo ahorrar y comprarlo al contado en X meses?

Si no te urge ¿Por qué no mejor ahorras y lo pagas de contado al su valor real de mercado en ese momento? Así puedes evitar muchos problemas y lograr una satisfacción personal.

Y las dos más importantes:

- ¿Qué pasa si no lo compro?

Tal vez no necesitas realmente comprarlo. No te mueres de hambre, no te corren del trabajo, no fracasa tu negocio, tu vida no va a ser menos feliz. Haz ésta pregunta un día y date 24hrs para responder.

- ¿Puedo pagarlo en efectivo, aquí y ahora?
- Hay expertos que dicen “si no puedes pagarlo en efectivo, tal vez no deberías tenerlo”. En la gran mayoría de los casos, seguro tienen razón. Pero sí abusas de tu

crédito tendrás que comprar TODO en efectivo, quieras o no. Y sí, ya me pasó.

¿Qué tal que compras Activos a crédito?

Ahora vamos a pensar que te compras un auto a crédito, pero en vez de usarlo personalmente lo usas como auto de alquiler (ya sea taxi, o alguna app). Entoncés el auto se convierte en un Activo que genera dinero y ese dinero debería pagar el costo del crédito, además de darte una ganancia.

Un crédito para invertir en tu negocio puede ser una buena si y sólo si el mismo crecimiento del negocio te lo pide. Es decir, no pidas crédito para crecer, pídelo porque el crecimiento que ya tienes lo demanda. Para estos casos vale ser muy honesto en tus cifras, proyecciones y consultar con tu contador. Para aprender más puedes mirar el Reality "Shark Tank".

Si tienes habilidades de venta puedes comprar algo de mercancía como ropa, cósmeticos, joyería y venderla a tus familiares, amigos, compañeros de trabajo, vecinos. Pero sólo si ya tienes esa facilidad, si no la tienes, primero edúcate en el tema o puedes comprarle mercancía para vender a alguien que sí sepa y en quién confíes y sacar una ganancia (Tal vez convenga un contrato, recibos o algún tipo de documento que te ampare). La clave está en comprar barato y vender a buen precio de mercado.

También puedes entrarle al Mercadeo en Red, si te agrada la idea. Yo así empecé, con una TDC prestada para inscribirme y comprar producto, lo pagué todo en tres semanas. Si quieres saber más, al final del libro hablaré de cómo elegir una buena empresa de Mercadeo en Red.

Adquirir Productos Financieros.

Evidentemente ahorrar no funciona en estos días. En los tiempos de nuestros padres y abuelos, era muy bueno ahorrar en el banco, pues te pagaban intereses bastante decentes. Al banco le convenía, ya que tu dinero lo usaban para prestarlo a alguien más. Después de Nixon y el rompimiento del patrón del Oro los bancos ya no dan buenos intereses, de hecho son una burla cuando ahorras. Pero no mal entiendas, ellos aún quieren tu dinero, sólo que necesitan usarlo mejor. Por eso te ofrecen paquetes de inversión, con atractivos intereses. Algunos garantizan el monto de tu invesión, incluso algunas te dejan disponer de tu dinero en cualquier momento. Investiga que te puede funcionar mejor y claro haz números antes de tomar cualquier decisión.

Esto será como ahorrar, pero es invertir. Y puede generarte buenas ganancias con mínimos riesgo. Definitivamente es mejor que el banco te pague intereses a que tú se los pagues. Sólo por favor, investiga bien, no tomes una decisión hasta tener una certeza de que va a pasar con tu dinero. Si tu banco te garantiza por escrito que tu dinero lo usaran para invertir en proyectos sustentables, pues eso sería mucho mejor.

Espero en verdad que éste capítulo te sea de mucha utilidad. Esta información sin duda me hubiera salvado de mi primer quiebra financiera. Tu Dinero vale mucho y debes cuidarlo, así que en el siguiente capítulo vamos a hablar de esos lugares peligrosos y mañosos donde no debes poner tu dinero.

CAPÍTULO CINCO: "INVERTIR" EN LUGARES PELIGROSOS.

Puse Invertir entre comillas porqué básicamente es más similar a apostar.

Te contaré una historia. Hace algunos años, primera mitad de los noventas, el gobierno de México dio la bienvenida a las empresas de Mercadeo en Red. Con esto también llegaron algunos buenos fraudes.

Mi familia "invirtió" en una supuesta compañía francesa de cósmeticos. El negocio iba así: Tú comprabas materia prima (un tipo de fécula de maíz) para hacer unas bolitas (en serio), que supuestamente eran con lo que hacían su producto. Cuando entregabas las bolitas en unos botecitos que te daban, te pagaban. Y te invitaban a afiliar más gente, de la que también ganarías. Desde luego tenías que seguir comprando más materia prima.

Yo era muy joven, pero me acuerdo que iba todo muy bien, hacíamos dinero y afiliamos a más personas, compramos más materia prima para ganar aún más. Hasta que un día la "empresa" se fue con todo nuestro dinero y nos dejó con un montón de bolitas que no servían para un carajo.

Es una de las lecciones más valiosas de toda mi vida.

Lo más curioso es que muchas personas, en verdad muchas, entraron a esa cosa de las "bolitas". Esto es en parte porque siempre estamos dispuestos a creer en los milagros, en ganar dinero con poco esfuerzo, en encontrar el "truco" de la riqueza. Per, no existe tal cosa.

El mito de hacerse rico fácil y rápido.

No existe una forma honesta en éste mundo para hacerse rico de la noche a la mañana. Podrías decir la lotería, pero tienes más chance de que te pegue un rayo dos veces, parado en el mismo lugar, a que saques el premio mayor de la lotería (tal vez exagero un poco, pero no mucho). No hay manera, no hay atajos, no existe una fórmula secreta, ni un genio de la lámpara.

Generar riqueza requiere de trabajo duro, compromiso, servicio a la humanidad, mucha disciplina y una voluntad de ácero. Todo eso lo puedes aprender, pero no va a pasar de la noche a la mañana. Te tomará años, dolor, fracasos, derrotas, pérdidas y muchas personas se alejarán de ti. Es todo un proceso maravilloso que muy pocos soportan, por eso muy pocos lo logran. Tampoco es exclusivo, cualquier persona que se encuentre con la disposición a comprometerse al 100% con éste proceso puede lograr el resultado.

Aún si lo lograras de la noche a la mañana, todo lo perderías de la misma manera, porque no hay un crecimiento interno que sostenga ese dinero. Por eso más del 85% de las personas que ganan la lotería terminan igual o peor de cómo estaban cinco años después.

Lo que sí puede pasar y seguro sucederá, es que si intentas hacerte rico fácil y rápido perderás. Tal vez pierdas mucho dinero, tal vez lo pierdas todo. Puedes también perder tu salud (que es lo más valioso), tu reputación (que es de lo más valioso), incluso tu libertad (que es indispensable). Vamos a evitar que pierdas hasta la camisa, y aprendamos a discernir entre una buena oferta de negocio y una estafa. ¿Te interesa?

Les advertí de la "Flor de la abundancia".

Hace poco más de tres años, al momento de escribir éste libro, me invitaron a una cosa muy curiosa, un "gran negocio" para ganar mucho dinero y "ayudar" a muchas personas. La llamada Flor de la Abundancia. ¿Te suena?

Funcionaba algo así. Tenías que invitar a 14 personas a regalarte una cantidad X de dinero, una vez que las reunieras el dinero te lo quedabas. Luego tenías que ayudar a las personas que tú invitaste a tener su propia flor y lograr lo mismo, hacer que alguien les regalara dinero. ¡Suena estúpido! ¡Y lo es! Aún así mucha gente le “entró” a esto. Algunos por vivos, otros por flojos y otros por inocentes.

No voy a ahondar mucho en la mecánica ahora. Porque hice un vídeo para advertir a las personas, llamado: Peligro!! Flores y Telares; El Fraude (está en el canal de Abnerius en Youtube). Ese vídeo me valió muchas amenazas, mentadas, groserias e insultos. Mi punto era que eso no iba a durar porque el modelo no podía sostenerse ya que no había un producto de consumo, el número de personas que iban a entrar era finito y no se estaba generando riqueza, sino que se estaba robando dinero y reciclando. Al final yo tuve razón, el vídeo tuvo unas 64 mil visitas y esa estafa paso a la historia, por ahora.

Es lo que se conoce como un esquema Ponzi o modelo piramidal, en dónde tú ganas dinero por “inscribir” o “meter” a gente y no por la venta de un producto o servicio. También cuando al invertir tu dinero te dan rendimientos muy superiores a los del mercado, como el caso de Bernie Madoff que estafó a muchos millonarios. Esto al principio genera rendimientos porque la gente que paga su dinero de entrada realmente está pagando a la que entró antes.

La persona que entró antes, al ver rendimiento, invita a más gente, lo que genera ingresos para lo que entraron antes de los últimos. Es lógico pensar que ese modelo es insostenible y que invariablemente va a colapsar. Si Madoff, que era multi millonario no pudo sostener algo así creánme, nadie lo hará por mucho tiempo.

Lo malo es que cuando todo colapsa hay personas que se irán con el dinero que tanto trabajo te costó ganar. Peor aún, habrán personas que pensarán que tú, sí tú, los estafaste. Te buscarán para que les pagues. A muchas personas así les pasó.

Recuerda que no existe hacerse rico de la noche a la mañana. No hay dinero fácil. NO HAY DINERO FÁCIL.

Lobos disfrazados de ovejas.

Seguramente te han invitado a una empresa de Mercadeo en Red o Venta Directa (Mal llamados Multinivel). A veces cuando invito a una persona, le llaman "pirámide" y lo tomo como un error honesto. La verdad es que la industria del Mercadeo en Red o Venta Directa, es una de las más importantes del mundo, en éste momento factura alrededor de 200 mil millones de dólares al año y tiene más de 100 millones de asociados en el mundo. Sin embargo, en todos lados hay manzanas podrídas, hay compañías algo deshonestas, hay otras totalmente deshonestas y hay otras que se hacen pasar por empresas para estafar. Esas son las que hacen modelos piramidales que estafan a la gente.

Como cada día se crean miles de nuevas empresas de estas en el mundo es muy complicado distinguir a las honestas de las ilegales. Y aunque, al final del libro, te hablaré de cómo escoger una empresa de Mercadeo en Red, ahora te explicaré como diferenciar una real de una estafa.

- No tiene producto ni servicio, tu ganancia está en meter gente. Eso grita "¡Pirámide!".
- Te dicen que te vas a hacer rico de la noche a la mañana sin trabajar. Me huele deshonesto. Puede que la empresa sea deshonesta o puede que la persona que te invita lo sea.
- Te enseñan sus cheques constantemente, te presumen descaradamente todo el dinero que tienen y te dicen que lo hicieron en muy poco tiempo, con un mínimo de esfuerzo. Vaya, es un Unicornio.
- La empresa no tien oficinas en tu país. ¿A quién le vas a reclamar cuándo algo salga mal?
- Te hacen llamadas para presionarte, te insultan si no te decides.
- Tienen un gurú que hizo millones de dólares en muy

poco tiempo. Un tipo que era pastor o algo así y ahora tiene un jet privado y un Rolls Royce. Nadie pasa de cero a millones en meses.

- No pagan impuestos y tampoco tus comisiones lo hacen. Eso esa una señal de alerta porque puede que no estén actuando de manera legal en el país.

¿Qué onda con las Crypto Monedas?

A mí no me gustan. Puede que sean el futuro, pero ahora para mí están en un terreno muy gris moralmente. Sin embargo sé de personas que han hecho millones con ellas, pero seamos honestos, son tipos que vieron la ola antes de que llegará a la playa, la montaron antes de ser una tendencia y ganaron mucho. Hay otros que siguen ganando, la mayoría de ellos en esquemas Ponzi disfrazados de mercadeo en red.

- Te dan ganancias por hacer tu "red" o invitar a más personas.
- No hay un producto a la venta, de re consumo y tangible.
- No tienen oficinas en el país,
- Por lo tanto no hay una garantía de tu inversión, nadie de la empresa está ahí legalmente para darte la cara.
- Compras paquetes para "minar" las Crypto monedas, pero realmente nunca estás en posesión de ellas.

No digo que no haya empresas así legales, digo que yo no he visto ninguna, y me han invitado a muchas. He visto a mucha gente perder mucho dinero a pesar que les dije que eso no iba a funcionar. Muchos de ellos ya ni me hablan por pena. Sus "empresas" se fueron del país de la noche a la mañana y los dejaron sin explicaciones. Descubrieron que nunca tuvieron relamente la posesión de esas monedas virtuales.

Por eso no las recomiendo. Creo en el consejo de Kiyosaki,

"no inviertas en ello si no lo entiendes". Si no sabes de donde sale el dinero no debes poner el tuyo ahí.

Si en verdad quieres probar aquí y ver que onda, investiga, estudia, conviértete en un experto e invierte una cantidad módica de dinero por un año, no los ahorros de tu vida. Prueba si te convence. En cualquier caso es un riesgo innecesario.

La Información te salvará.

Vivímos en la Era de la Información así que, cuando te salga una oportunidad así, entra a internet e investiga. Busca referencias de terceros, agencias gubernamentales, casos similares. Compara notas con los conocimientos que has adquirido de los libros. Y no tardes mucho en tomar una decisión. Una vez que tengas todos los datos que necesitas, decide si vas o no vas.

Lo importante es que tengas toda la información que necesitas para tomar una decisión informada e inteligente. Entre más crezca tu conocimiento de EF mejores decisiones tomarás en estos asuntos. Aún así corres riesgo de hacer una tontería, pero quién pueda estafarte será un genio.

Has números con el dinero.

Hacer número es muy importante, saca cuentas. ¿Cuánto hay que invertir? ¿De dónde salen los pagos? ¿Cómo se calculan? ¿Qué porcentaje de ganancia me dan? Te tomará algo de tiempo, pero tienes que entender númericamente la inversión antes de poner tu dinero ahí. Pide ayuda a un contador si es necesario o a alguien que sepa más de números. Si las cuentas no cuadran debes huir, corre y no te detengas.

Si no entiendes de dónde sale el dinero y nadie te lo puede explicar, deberías alejarte.

Si es demasiado bueno para ser verdad...

Había una seria de Televisión que se llamaba "The Real Hustle" que podría traducirse como "El verdadero estafador", no sé si aún la transmitan. Pero trataba de cómo se arma una estafa y como la gente cae en ellas, el objetivo era que las personas vieran como trabaja un estafador y pudieran estar atentas a las señalas.

Había una frase dentro de la serie que me gustaba mucho: "Si hay algo que es demasiado bueno para ser verdad, probablemente lo sea".

Así que debes estar atento a las señales, tal vez incluso desconfiar. Hay muchas personas que quieren tu dinero de manera fácil, que te mentiran, te pintarán una verdad mágica y te intentarán convencer de que inviertas con ellos, pero tú vas a tener más inteligencia y capacidad de discernimiento.

No quiero que te conviertas en la víctima de una estafa, así que tienes que documentarte e investigar muy bien en dónde vas poner tu dinero, así como a las personas a quiénes se los darás.

Hace un par de meses después de dar la presentación de mi negocio de red, me habló un tipo que se notaba tenía dinero, muy seguro de sí mismo. Me preguntó a que me dedicaba, y me comentó que el igual estaba en mercadeo en red (no me quiso decir la empresa), me dijo que él estaba ganando mucho dinero y que sí yo estaba dispuesto a escuchar la oportunidad que tenía para mí. Le dije que sí, le di mi número y jamás le contesté una llamada. La verdad lo estaba poniendo a prueba, tenía curiosidad por ver que me decía.

Desde el princípio me dio mala espina, algo me vibraba mal, más el hecho de presumir el dinero, el hermetismo en ciertas cosas y el querer piratear a alguien de otra compañía, me hizo creer que estaba en una de esas empresas de Crypto monedas fraudulentas. Así que por último confía en tu instinto.

Cuando algo te haga sentir mal, incómodo, te vibre mal, te

de desconfianza mejor dar un paso atrás. Tu instinto es la última línea de defensa.

Antes de pasar al siguiente capítulo y hablarte de cómo negar mi realidad económica me puso en el peor predicamento financiero de mi vida, te quiero recomendar; **FÍJATE EN LO QUE FIRMAS;** antes de firmar un contrato, lee, entiende, o contrata a alguien que lo haga por ti (abogado). Recuerda que no se puede ser demasiado precavido. Si no te dan un contrato desconfía al 100%.

CAPÍTULO SEIS: NEGAR LA REALIDAD FINANCIERA.

Dicen que la peor ceguera es aquella en la que no quieres ver.

También decían que el Titanic nunca se podría hundir, por eso tenía tan pocos botes salva vidas, lo que ocasionó la muerte de miles de personas. Lo mismo pasó en el "martes negro", la crisis financiera de 1929 cuando las personas pensaban que la bonanza económica nunca terminaría y las ganancias no podían si no subir; eso provocó que miles de personas perdieran todo su dinero. Eso se repite en diversos casos a lo largo de la historia. Es muy triste cuando nos pasa de manera personal.

Me considero un optimista, siempre espero que todo resulte bien. Aunque, como decía Benjamín Franklin "espera lo mejor y prepárate para lo peor". Sin embargo, en mi segunda crisis financiera me pasé de optimista.

Las cosas iban muy bien en mi negocio, estaba generando buen dinero y cada vez crecía más. Parecía que nada podía salir mal. Eso me hizo confiarme un poco, tal vez demasiado. Empecé a tomar malas decisiones.

Además mis pronósticos sobre mis ingresos y crecimiento eran, sin lugar a dudas, demasiado optimistas. Calculaba ganancias que aún no tenía y contaba con ellas para hacer mis presupuestos, pues estaba seguro que todo sucedería como lo había planeado. Como dice la frase "metí todos mis huevos en una canasta" sin pensar que si se caía todos se romperían.

Abusé del credíto para reinvertir, sobre todo en mi educación y estaba totalmente confiado en los sorprendetes retornos que tendría. Creo que es algo muy común en las personas, principalmente en los emprendedores, el creer que todo va a mejorar, a veces mágicamente, que vas a tener un éxito sin precedentes, que vas a ganar carretadas de dinero y que te van a llover clientes por todos lados.

No fue así. Mi madre enfermó un poco y me ocupé de su salud; además, me acomodé a tener una vida mas holgada, pues nunca había ganado tanto. Como todo iba tan bien me desenfoqué de mi trabajo, deje de apoyar cabalmente a mi equipo, de buscar a mis clientes y poco a poco me fui hundiendo.

Hubiera podido rescatarlo sin duda, pero no lo hice. Me justifiqué diciendo que era algo temporal y que todo iba a mejorar, pero no ponía el 100% de mi esfuerzo en mejorarlo.

Mi ingreso empezó a caer y no supe que hacer. Me empezaba a resultar imposible pagar mis dedudas y en vez de enfocarme en recuperar mi ingreso, me enfoqué en pagar esas deudas, cosa que evidentemente no funcionó. Así que no sólo perdía dinero sino que tampoco podía pagar mis deudas. Todo eso me abrumo sobre manera.

Honestamente no sabía como reaccionar. ¡Esto no me podía estar pasando! ¡No a mí! Yo que había estudiado tanto de educación financiera, de negocios, no podía estar en ésta situación. Eso es tema de otro capítulo, pero para ponerte en contexto, estaba en total negación.

Y el barco se hundió.

Ver las señales de los tiempos.

Cuando las cosas empiezan a ir mal es momento de poner todo tu esfuerzo en corregirlas, tal vez lo logres tal vez no, pero al menos no quedará en ti el temido “si yo hubiera…”.

Primero mira tus números. ¿Cuáles son tus ingresos y cuáles tus deudas? ¿Qué está creciendo, el ingreso o la deuda? ¿Por qué? Haz números, saca cuentas, lleva un control de todo. No puedes dejárselo a la suerte. Las personas pueden mentirte, pero los números jamás, jamás mienten.Si tienes tus números claros y reales podrás anticipar todo lo que viene, y sabrás reaccionar con antelación.

Si sólo tienes el ingreso de tu empleo, tus dedudas no deben subir y debes tener un colchón para emergencias. Aunque te recomiendo no tener un sólo ingreso, ya hablaremos de eso.

Si tienes un negocio o negocios y empiezas a ganar menos que antes, aunque sea una mínima cantidad, debes averiguar que está pasando y ponerte a trabajar bien duro para que eso no suceda. No puedes ser indulgente con tu futuro.

Micro y Macro Economía.

Lo vamos a simplificar mucho. La Microeconomía nos ayuda a entender procesos como la oferta y la demanda, el consumo y el ingreso en un mercado determinado.

Mercado es un lugar donde convergen oferentes (proveedores) y demandantes (clientes).

Macroecnonomía nos ayuda entender procesos grandes, como precios del petróleo, crisis financieras, conflictos y tratados de comercio, desastres naturales, y guerras.

Es mucho más complicado que eso, pero para nuestros fines basta.

Entender la MicroEconomía nos ayuda saber que productos se venden más en nuestra región, el nivel de ingresos promedio, las mejores temporadas de venta y las épocas ventas bajas. Si podemos enteder estos sucesos y analizarlos objetivamente, seremos capaces de reaccionar adecuadamente al mercado, sobre todo cuando tenemos un negocio.

Por ejemplo, saber en mi ciudad que los meses de Junio son muy enfocados a graduaciones y en agosto en la entrada a clases. O Entender la ropa de invierno en Febrero es mucho más barata.

En la Macroeconomía, hay cosas totalmente fuera de nuestro control, pero si sabemos observar podremos entender cuando hay una desaceleración económica o una crisis, cuando aumentará el precio de la gasolina, el valor de los metales valiosos. No podemos detener estos sucesos, pero podemos anticiparnos o reaccionar adecuadamente a ellos.

Sé que es mucho rollo, pero te lo digo, para que te informes y hagas planes con tu dinero y tus inversiones. Es un poco complicado, pero si puedes tener un conocimiento aceptable de todo esto realmente puedes salvar tu economía, tu negocio y evitar muchos dolores de cabeza.

Hay épocas de vacas flacas.

Esto se refiere a momentos de contracción económica, cuando el dinero disminuye o deja de fluir. Puede ser porque perdiste tu empleo, quebró tu negocio, hubo una crisis o una epidemia.

Con el dinero que tienes ahora (Banco, efectivo) ¿cuántos días podrías sobrevivir antes de quedarte sin un centavo? La mayoría de las personas tienen para vivir unos 20 días y después están en serios problemas.

¿Tienes algo ahorrado o invertido? ¿Posees bienes vendibles, como metales o joyas? ¿Posees bienes raíces? Es importante tener una idea de todos tus activos. Piensa en lo que podrías vender, en cómo conseguir más dinero u otro ingreso.

Haz un plan para tu periodo de vacas flacas, porque creéme que uno vendrá. Puedes empezar por apartar el 10% de tu ingreso y seguir algunas opciones para invertirlo, aquí hemos hablado de algunas y hablaremos de algunas más. También comprar metales como Oro y Plata es una buena opción, siempre y cuando los compres cuando están a la baja y no, no incluye joyería. Si no sabes del mercado de metales, infórmate o no lo hagas.

El Fracaso es tu responsabilidad, no tu culpa.

Sí se que esto suena algo rudo, pero es la verdad. Generalmente tomamos malas decisiones que nos llevan a esto, a veces por ignorancia, otras por soberbia, pero el daño es el mismo. Si fracasas financieramente, tú eres responsable directo de ese fracaso.

Aunque esto haya sido por situaciones micro y macro económicas que no podías controlar. Porque hay situaciones internas que sí pudiste controlar, como tu deuda, tus decisiones, la forma en la que usaste el dinero, y el no haber querido ser honesto con la situación. Además, es mejor ser responsable que ser víctima. Ser víctima te quita tu poder, te pone en una situación de sumisión y debilidad. Yo estuve ahí y no quiero regresar jamás.

Pero no te culpes. La culpa es un asunto sin sentido. No va a arreglar nada el darte golpes de pecho y pegarte con un látigo en la espalda. La auto compasión te sirve para sentirte mal, no para levantarte. A mí lo único que el sentimiento de culpa me hizo fue ayudar a deprimirme aún más, a hundirme más. Así que olvídalo. Eres responsable no culpable.

No tapes un hoyo haciendo otro.

Error. Terrible error.

No tenía dinero para pagar mis deudas, y lo primero que pensé fue en conseguir más dinero prestado para pagarlas, pensando que en cuanto me recuperara, podría pagarlo todo. ¿Le encuentras lógica a eso? Estaba actuando basado en el miedo, nada más. Por fortuna nadie me prestó, mucho menos el banco. Cuando apestas a fracaso nadie quiere darte su dinero. La verdad me hubiera hundido más de lo que ya lo estaba.

Estuve a punto de recurrir a usureros, lo cuál también pudo ser peligroso para mí y mi familia. Creéme ellos no son tan benevolentes como los bancos al momento de cobrar. Recuerda, no te enfoques en pagar tus deudas, ya habrá espacio para eso, enfócate en incrementar tus ingresos (con eso pagarás todo). ¿Hay una difrencia? Sí, a donde va tu enfoque va tu atención, tu energía y tus resultados.

No puedes solucionar una estupidez con otra estupidez. Imposible. Una vez más, ve a los números y haz un plan para crecer tus ingresos con honestidad y los pies en el suelo.

Para evitar que estas cosas nos pasen, para hacer crecer tu dinero, para eso viene el siguiente capítulo, que habla de las fuentes de ingresos. ¿Cuántas tienes tú?

CAPÍTULO SIETE: TENER UNA SOLA FUENTE DE INGRESOS.

Renuncié a mi primer empleo hace ya algunos años porque no estaba muy contento y me surgió una oferta mejor. Era un proyecto muy interesante, se trataba de ayudar a las personas, era socialmente responsable (cosa rara por esos años) y me iban a pagar más, además de que estaría a cargo de la oficina y sería, básicamente, mi propio jefe. Desde luego que no tardé en decirle "adiós" a mis empleadores.

Pero el proyecto aún no se concretaba, era algo seguro me decían, pero empezaban a pasar los días, las semanas, los meses y nada. Debí esperar a que todo estuviera concretado, a tener firmado un contrato, pero la verdad me entusiasmé demasiado. Al final el proyecto no se pudo concretar y me quedé sin empleo y sin dinero, afortunadamente aún vivía en casa de mis padres y no fue un golpe demasiado duro, pero aprendí una valiosa lección.

Una promesa de un gran proyecto o un gran empleo es sólo eso: una promesa. No te confíes sino hasta que se haya concretado, hasta que tengas un contrato firmado. Mil cosas pueden pasar y muchas de ellas no las puedes anticipar.

También tuve una distribución por unos meses de un fino producto importado que se estaba vendiendo muy bien, era un gran negocio. Desafortunadamente el tipo que distribuía a nivel nacional y me vendía a mí, presentó al importador con uno de los más grandes mayoristas del país, lo cuál fue un absurdo, así que para acortar costos presciendieron de él y, por ende, de un servidor.

Así te puedo contar muchos casos. Gente que perdió en crisis, devaluaciones, la gripe porcina, caída de la bolsa, desastres naturales. Es una larga lista que nos deja una clara moraleja. Cualquier cosas, sí cualquier cosa, puede pasar. Como decía la Ley de Murphy, "Si algo puede salir mal, saldrá mal". No es pesímismo, es la vida misma. Debes prepararte para éste tipo de sucesos.

Tipos de Ingresos.

Antes de continuar, debemos hablar de los tipos de ingresos que, para este libro, nos ocupan.

Sueldo o salario: Intercambias tu tiempo por dinero con un empleador. El ingreso suele ser fijo o lineal.

Comisiones: Es un porcentaje que te pagan por vender el producto o servicio de alguien más. Éste ingreso es fluctuante y no está garantizado (aunque realmente ninguno lo está).

Ganancias de Capital: Suceden al ocurrir un intercambio de un producto o servicio por una cantidad de dinero y ocurren sólo una vez, nada más. Por ejemplo cuando vendes un carro o una casa.

Ingreso Pasivo o Apalancado: Es el más bello y es muy amplio. Ocurre cuando haces un trabajo y dicho trabajo te paga muchas veces, a veces te paga para siempre. Por ejemplo, cuando rentas una casa, o tienes un auto de renta; en algunos negocios de Mercadeo en Red. También aquí se incluyen los Royalties o Derechos de autor, las inversiones en bolsa, metales, franquicias (no las que están disfrazadas de auto empleo).

Mi error y el de la mayoría ha sido el tener un solo tipo de ingresos y también una sola fuente de ingresos.

Entre más fuentes y tipos de ingresos tengas, es menos probable que llegues a una crisis financiera. Quisiera hablarte muchísimo acerca de esto, pero nuestro tiempo es limitado. Pues seré breve:

- El Ingreso más débil, aunque parece más seguro, es el sueldo, pues no depende de ti. Pero eso no significa que renuncies a tu empleo.
- Las comisiones son muy buenas, pero no debes depender de ellas toda tu vida.

- Las ganancias de capital son grandes bocados de felicidad, pero a veces llegan y a veces no.
- El ingreso pasivo es el más noble y puedes tener diversos tipos de ingreso pasivo.
- No necesitas tener mucho dinero para tener uno o varios de estos, de hecho a veces ni siquiera necesitas dinero. Hablaré de esto más adelante.
- Pero sí necesitas aprender a vender o reconciliar tu gusto por las ventas. De lo contrario estarás atado a un sueldo PARA SIEMPRE.

Puedes buscar productos Financieros.

Vamos a suponer que no quieres vender ni hacer nada más y que prefieres quedarte sólo con tu sueldo, ¿qué puedes hacer? Puedes recurrir a tus amigos los bancos. Ellos tienen algunos atractivos productos de inversión, como ya he mencionado antes y aunque hablaremos de ellos en otro capítulo, pueden ser una buena opción para ti. Hay tasas de interés atractivas y si no necesitas el dinero inmediatamente, te funcionarán mucho mejor. Puede funcionarte para tener dinero en navidad, comprarte tu auto de contado, o las vacaciones de la familia, libres de deuda.

Antes de ser millonario...

No, no te vas a hacer rico de la noche a la mañana. No esperes que tus inversiones te hagan millonario en un día. Tampoco que tu negocio sea solvente y de ganancias rápido, de hecho pueden pasar años antes de que suceda. No vayas por lo fácil. NO VAYAS POR LO FÁCIL, ve por lo sólido.

Busca primero ser solvente, ve primero por un ingreso adicional. De hecho, si puedes reinvertir tus ganancias completas los primeros 3 años, te funcionará mucho mejor; esto sería posible si tienes otras fuentes de ingresos, como un empleo u otro negocio y no tienes más de un 30% de deuda sobre tu ingreso. Después empezará a llegar el dinero de verdad, mientras se paciente.

Genera Activos.

Hace poco leí que las personas en México, mi hermoso país, están necesitando hasta tres empleos para mantener su estilo de vida. ¡TRES EMPLEOS! ¿Te imaginas? Que horror. Sería mejor un empleo y dos activos; de hecho sería mejor tres activos. Entre más activos tengas más feliz serás y menos riesgo de quebrar tendrás.

Lo más maravilloso de los activos es que te dan los dos mejores tipos de ingreso: De Capital y Residual. Ve por ellos, a veces necesitas muy poco dinero para obtenerlos y hay formas de llegar ahí, aunque no tengas dinero. Recuerda, los problemas de dinero se resuelven con creatividad.

Haz ahora una lista hermosa de Activos que te gustaría tener, escribe al lado un estimado de lo que costarían y el tiempo que tardarás en obtenerlos. Enfoca tu mente.

Es que no tengo tiempo...

En este momento imagina como hago los ojos hacia arriba y pongo mi cara de "ahhh". Es uno de los mayores pretextos que ponen las personas para ingresar a una empresa de mercadeo en red, me la han dicho tantas veces que hasta me dan ganas de sacudirles de los hombros y decirles ¡Y si sigues como vas, jamás tendrás tiempo! El asunto de tener Activos es que sí te toman una inversión de tiempo, energía y dinero; pero, después de un tiempo pueden empezar a trabajar sin que tú estés presente. De hecho empiezan a trabajar para ti. Créeme que es tan bonito que te llegue dinero así.

Todos tenemos las mismas 24 hrs, todos, desde el más rico del mundo, hasta el más pobre. Todos tenemos el mismo tiempo, los mismos minutos en el día. Lo que pasa es que necesitas organizar mejor tu tiempo y hacer algunos intercambios de cosas que te gusta hacer, como sentarte en el sofá, por cosas que te harán muy feliz y solvente, como trabajar unas horas extras al día.

Porqué, te lo garantizo, la flojera jamás hizo rico a nadie, pero llevó a la pobreza a millones.

Creo que ya quedó claro éste punto. Acompáñame a conocer un poco más de éste ser, amado por muchos, temido por otros, sumamente controversial, pero que guarda toda la riqueza: El Banco.

CAPÍTULO OCHO: NO SABER UTILIZAR A EL BANCO.

Yo amaba a los bancos cuando me iba bien, me encantaba ir por mi dinero y en la sucursal a la que iba me trataban muy bien. Pero odié al banco cuando no podía pagarle y me empezó a cobrar de forma poco grata, aunque pensándolo bien, creo que no existe una forma grata de cobrar.

Hay que poner las cosas en perspectiva, los Bancos no son buenos ni malos, ni héroes o villanos, simplemente Son; y serán para ti lo que tú te propongas que sean. Pueden darte alegrías o amarguras. Cuando tengan tu dinero te trataran muy bien y si no lo hacen déjalos, ese banco no te conviene.

Claro, cuando tú tengas su dinero y no puedas pagarles serán desagradables contigo. No puedes culparlos, es su negocio, el Banco es una empresa y su objetivo es generar recursos financieros, es decir, más dinero. Probablemente tu harías lo mismo si alguien te debe dinero. Desde luego no es una situación agradable, de hecho se vuelve bastante incómoda, pero a fin de cuentas es tu responsabilidad.

Ellos no te pusieron una pistola en la cabeza para aceptar su dinero, tampoco te obligaron a firmar un contrato, del cuál tuviste la obligación de leer todas las claúsulas. Tú fuiste quién tenía la seguridad que podría pagar, tú hiciste planes con ese préstamo o esa tarjeta. Tú eres completamente responsable de tu incapacidad de pago.

Pero no es tu culpa. Ya lo dijimos, la culpa no sirve para nada, sólo te victimiza, te quita poder y te hace sentir cucaracha. Así que olvídala, no la necesitas. Asume tu responsabilidad como adulto y en la segunda parte de éste libro te daré unos consejos para salir de esa situación, si es que ya te encuentras en ella (Paciencia, Fe, Valor y Fortaleza, si es así). Por ahora te daré algunas ideas para ayudar a evitar que semejante tragedia ocurra.

Crédito y Débito no es lo mismo.

Crédito es una obligación crediticia de por pagar. Es dinero que el Banco te está prestando y el incumplimiento del pago acarrea diversos tipos de sanciones.

Débito es una constacia del pago que el banco tiene de tu dinero que ahí has depositado y puedes ocuparlo para el pago de productos o servicios siempre y cuando no sobrepase el valor total de tu cuenta.

Asumo que el 90% de las pesonas ya tenían una idea bastante clara de esto, así que, ¿por qué lo menciono? Porque parece que no nos queda claro y andamos por ahí usando la tarjeta de crédito (TDC) como si fuera de débito, pagando y comprando cuanto se atraviesa en nuestra vista sin hacer cuentas, números o incluso llevar un control de gastos.

Mientras que la tarjeta de débito (TDD) la solemos usar como si fuera una pobre criatura que se va a morir de pulmonía si la sacas de tu bolso o cartera. Tal vez porque en una parte de nuestro subconsciente sabemos que ahí está el dinero que es realmente nuestro. Sé que no todos los casos son así, pero sin duda la mayoría operamos más o menos de ésta manera.

Lo mejor que podemos hacer es aprender a usar ambas tarjetas. Lo que sigue es un poco complicado así que voy a intentar hacerlo lo más simple posible.

1. No cargues con tus tarjetas para todos lados, sólo cuando las utilices. Es arriesgado que las pierdas o te las roben.
2. Entoncés sólo lleva la tarjeta cuando sabes que vas a comprar algo determinado. De ser posible usa la TDD

para que no generes deuda, sobre todo si es un pasivo lo que compras.

3. Si vas a usar la TDC para comprar un pasivo debes tener bien en cuenta los analisis antes mencionados sobre si comprar o no, hacer cuentas de cuanto tienes en tu límite de crédito y como quedará después de la compra.
4. Además debes tener la certeza de que podrás pagar dicha cantidad en la fecha límite de pago para no generar intereses.
5. Sigue todos los consejos de tu Banco respecto a seguridad en compras físicas y virtuales. Recuerda que es muy fácil hoy en día clonar tarjetas.
6. Ten una TDD y una TDC con saldo menor en caso que necesites cargarlas para una emergencia, como quna falla de tu auto, una comida con un cliente que no estaba agendada o comprar un regalo de último minuto. La condición es que tenga un saldo menor a la TDD y TDC principales. Unos $200 usd pueden ser suficientes.
7. Si vives en pareja, ambos deben tener una estrategia conjunta sobre el uso de los plásticos.
8. Cubre los últimos tres números de atrás de la tarjeta y su fecha de vencimiento con una cinta no muy adhesiva, como micropore, para ayudar a prevenir fraudes (ese truco me lo enseñó un tío).
9. No uses las TDD o TDC de tu empresa para gastos personales nunca, nunca, nunca.
10. Mi regla de Oro es: Confiarse demasiado es arriesgar demasiado.

Sé que es algo muy simple y básico, pero si todos siguieramos estos sencillos consejos la mayoría de la población no iría "al día" pagando sus deudas asfixiantes.

No te pases de Deuda.

La mayoría de las personas van arrastrando deudas e intereses por años y años. Cuando salen de una inmediatamente se meten a otra. Parece una competencia de ver quién está más endeudado. Créeme sé de lo que hablo, yo pasé años pagando unicamente los intereses de una deuda de tarjeta que no podía liquidar. Que eso no te pase a ti.

Procura que tu deuda no sea mayor al 30% de tus ingresos.

Es decir, si tu ganas $10,000 al mes tus obligaciones de pagos, TDC, Créditos diversos, no pueden ser mayores a $3,000 al mes.

Esto significa que te quedan $6,000 al mes para pagar tus servicios (agua, luz, cable, internet), tus comidas, tu transporte, tu gasolina, tus salidas al cine y a cenar, tus antojitos, tu diezmo y tus impuestos. Es por eso que te recomiendo sólo el 30%.

Entre mayor sea tu porcentaje de deuda menor será el dinero que tengas disponible para los demás rubros de tu vida, cosa que invariablemente te llevará a conseguir más deuda para intentar equilibrar la situación y poder comprarte las cosas que deseas; esto, a su vez te ahorca aún más y justo cuando piensas que ya no puedes, te llaman del banco para aumentar tu línea de crédito y entonces te endeudas más, pero tu salario o tus ingresos no suben de la misma manera.

Bienvenido a la carrera de la rata. De hecho, es en realidad una trampa mortal de la que pocos se dan cuenta, pero que puede acompañarte hasta la tumba o llevarte a ella.

“Oye Abnerius, pero yo quiero comprarme cosas buenas, para eso trabajo, no puedo limitarme”. Estoy de acuerdo te mereces lo mejor, sólo comprálo al contado o con TDD.

“Abnerius, pero, mi ingreso no me alcanza para comprar todas esas cosas”. Bueno, entoncés tal vez no deberías comprarlas por ahora.

“Entoncés, ¿cómo le haré?”.¿Qué te parece si subes tus ingresos al tamaño de tus sueños y deseos en vez de tu subir tu deuda al tamaño de ellos? ¿No te parece que tiene más sentido? Yo creo que sí, y más adelante vamos a hablar de cómo subir tus ingresos.

¿Qué onda con los créditos al consumo?

Son armas de estrucción masiva. ¿A qué te suena crédito al consumo? A comprar Pasivos, ¿correcto? Y además, con intereses incluidos. Estos préstamos ya llevan su tasa de interés incluida en los pagos fijos tan accesibles que te pintan.

Esos intereses, dependiendo el tiempo al que contrates el préstamo, pueden ser altísimos. Imagina que por cada $10,000 ¡pagues hasta $6,000 de interés! Claro que las condiciones de cada crédito, sus tasas y plazos son diferentes; así que más bien pretendo ilustrarte en el hecho que puedes terminar pagando la mitad del importe del crédito hasta el 100% del mismo o más.

Yo te recomiendo que no tomes un préstamo así. Salvo que sea para una emergencia médica, para resolver un asunto legal o para evitar algo que ponga en riesgo la integridad tuya y de tu familia.

Otra opción puede ser usar ese dinero para comprar activos, es decir invertirlo en negocios. Pero debes hacer números y tener la certeza de que podrás pagar. Como dije anteriormente, solamente si el mismo crecimiento orgánico del negocio lo justifica si ya hay ganancias y se quiere pasar al siguiente nivel. En otro caso no lo recomiendo.

No quieres deberle al Banco.

Te comerá vivo. Como dije, el Banco no es bueno ni malo, es un negocio como cualquier otro y quieren su dinero. La deuda bancaria puede comerte vivo, puede volverse en un monstruo enorme y los intereses son balas de cañón que destrozan todo a su paso.

Lo sé, ya he estado ahí y es terrible. Realmente no puedo entender como se te va de las manos tan rápido una deuda así. Y la cobranza ya sabes, muy lindos muy amables, sólo te llaman una vez a la semana, no te presionan, son totalmente comprensivos...¡Sí, estoy siendo sarcástico! ¡La cobranza es horrible! A mí me brincaba el ojo, tuve dermatitis, no podía dormir por las noches. Todo por esa horrible deuda. La verdad lo sufrí mucho y no quiero que pases por nada igual.

Lee la letra pequeña.

Tenemos la mala costumbre de no leer los contratos de los bancos, pero sí te recomiendo que te les des una buena leída antes de firmar y cuando los tengas en casa. Que te los explique el ejecutivo que te atiende y no lo dejes hasta no tener resueltas todas tus dudas. Debes saber muy bien en que te estás metiendo ya sea para contratar una TDC o un Crédito bancario.

Si no sabes que lo que te metes, si no entiendes lo que estás adquiriendo y si no está completamente claro tal vez no deberías hacerlo. Sé que de pronto tenemos esta necesidad de tener dinero, pero puede salirte muy cara si no tienes cuidado. Nadie, nadie, nadie va a cuidar de ti en estos casos, recuerda que tú eres responsable, así que actúa con responsabilidad.

Pero tú puedes usar al Banco.

A fin de cuentas, el Banco es ese amigo tuyo, medio antipático, que tiene mucho dinero. Así que ¿por qué no usarlo? Puedes usar su dinero para crecer, incluso sus créditos usados sabiamente pueden ser súper útiles, incluso generar riqueza. Lo importante es tener inteligencia financiera para saber qué hacer y cómo hacerlo; y ésta se adquiere a través de libros, conferencias, seminarios, talleres, libros.

Sí, la EF cuesta, pero también te da mucho a cambio de tu inversión.

Por ejemplo Robert Kiyosaki, autor de Padre Rico, Padre Pobre, utiliza los préstamos bancarios para comprar propiedades que usa para rentar y del dinero de las rentas va pagando el préstamo con una ligera ganancia para él. Pueden pasar años antes de terminar de pagar el préstamo, pero no importa porqué se va pagando solo. Yo desconozco si algo así puede hacerse en México o en tu país, pero si de verdad te interesa deberías investigar más al respecto. Si decides hacerlo entoncés sí tendrás que convertirte en experto.

Puedes usar también la TDC para comprar mercancía para vender, de la cuál sacarás una ganacia y pagar la tarjeta antes de la fecha de pago. Puedes usarla para inscribirte a una empresa de Mercadeo en Red.

Puedes sacar un crédito automotriz, comprar tu auto y rentarlo en alguna plataforma virtual.

Conoce sus productos de Inversión.

Como te has dado cuenta, a los bancos les encanta tu dinero, lo quieren ahí. Así que en los últimos años han creado muchos productos de inversión, algunos de ellos sumamente atractivos. Evidentemente ellos usan tu dinero también para invertir y sacan una ganacia, eso está bien porque a ti te pagan.

Acércate a tu banco, a otro banco o por internet e investiga sus productos de inversión. Podrás escoger los mejores para ti.

Piérdele el miedo.

No sé si tengas una buena o mala relación con el banco. Yo tenía muy malas neuro- asociaciones de ellos por la deuda que tuvo mi padre. Luego lo reforcé un poco más con mi propia deuda. Pero la verdad es que los bancos pueden ser tus amigos y puedes crear una buena relación armónica y simbiótica con ellos. Es cosa de perderles el miedo e ir descubriendo todas las ventajas que tiene para ti. Esto también te ayudará a entender mejor de finanza y empezarás a ver el dinero de una mejor manera.

Y no, los bancos no me pagaron un centavo por decirte esto, tampoco espero que lo hagan... aunque si están leyendo y quieren regalarme unos millones, los acepto; no tengo voto de pobreza ni estoy peleado con la riqueza.

Acércate a tu Banco y quédate conmigo, porque en el sigiuente capítulo vamos a hablar de algunas malas decisiones que te vienen a la cabeza cuando parece que todo está perdido y hablamos de cómo evitarlas.

CAPÍTULO NUEVE: PEDIR PRESTADO A QUIÉN NO DEBES.

Cuando te inunda la desesperación, puedes hacer una estupidez.

Sabía que no iba a poder cubrir la cuota del siguiente mes para el banco, eso me iba a poner en moratoria de pago, me haría inelegible para un préstamo, me empezarían a cobrar y me enviarían a Buró de Crédito. Y eso sólo era para empezar.

Lo que sucedería adelante es que mis deudas se volverían impagables por los intereses y me iba a meter en muchos más problemas de los que quería.

No sé si has estado en una situación así, pero te pasan miles de cosas por la cabeza y cada una más trágica que la anterior. Te preocupas, te deprimes, dejas de comer, tienes ansiedad... ¡Y eso que aún no has evitado un pago! Sólo tienes la certeza de que no pagarás más.

Yo no quería verme en semejante situación, me daba pánico estar ahí. Sí, efectivamente me encontraba desesperado. En éste tipo de situaciones uno puede tomar decisiones muy estúpidas si no tiene cuidado. Y eso me pasó a mí porque estaba decidiendo por miedo, no por razón o planeación.

Mi respuesta era sencilla y desde cierta perspectiva suena bastante lógica. Pediría más dinero prestado y con eso evitaría caer en moratoria con el Banco. Bastante simple ¿verdad?

Yo estaba seguro de qué me iba a recuperar y entoncés podría pagarlo todo. Estaba seguro, pero no tenía ninguna información medible y cuantificable que pudiera corroborar que tendría esa solvencia económica más adelante. O sea, me estaba vendiendo una idea demasiado optimista, pero poco real, que yo mismo me quería comprar. Porque tenía miedo.

Pero, no era ni una solución ni una opción.

No pidas lo que no tienes certeza de pagar.

Imagina que un día te pusiste a cavar con una pala,y pronto terminaste en un hoyo muy grande y no podías salir de ahí. Estás como a cuatro metros de profundidad, no puedes escalar por las paredes y tu opción más lógica sería...¿seguir cavando?

¡Desde luego que no! Podrías pensar en muchas opciones, algunas de ellas, tal vez muy descabelladas. Pero seguro no dirías "uhm, voy a hacer éste hoyo más profundo y así podré salir de él... tal vez llegue a China". ¡No!

Pensamos que con la deuda funcionará. No tienes para pagar tus deudas y tu solución mágica e iluminada es conseguir más dinero prestado, para incrementar tu deuda aún más y hacerla mucho más difícil de pagar. No tiene sentido, pero el miedo y la desesperación me hicieron creer que sí.

No le puedes apostar el pago de una deuda mayor a un posible ingreso futuro que te sacará del embrollo. Sí tuvieras un contrato firmado por un cliente podría funcionar, pero ni aún así es garantía. El sueldo definitivamente no funcionará, si no te alcanzó a pagar tus deudas antes no lo hará cuándo sean más grandes.

Afortunadamente cuando estás endeudado, como que apestas a fracaso y las personas lo huelen. El Banco no quiso prestarme más. Ninguno de mis conocidos quiso o pudo hacerlo. No tenía joyas para empeñar y básicamente me quedé sin ninguna opción de conseguir un préstamo. Me molesté mucho, también estaba desilucionado, pero en retrospectiva el que nadie me haya prestado en ese momento fue lo mejor que me pudo haber pasado.

Cuidado con los Prestamistas.

Aunque estuve a punto de hacer algo muy estúpido. Todos sabemos que hay personas que se dedican a prestar dinero, muy al margen de la ley. Generalmente son pesonas que no te checan tu historial crediticio y que te cobran muy altos intereses. Muchos de ellos son personas decentes, que encuentran en esto una forma de ganarse la vida, aunque no por eso van a dejar de pelear por su dinero, que tú les debes.

Otros no son "tan buenas pesonas" y sus métodos de cobranza pueden ser incluso peligrosos para ti y para tu familia. Además recuerda que debes firmar un pagaré con el que pueden actuar legalmente en tu contra o te piden que dejes facturas o escrituras en garantía, las cuáles te embargaran sin que nadie pueda protegerte.

También hay supuestas cajas de ahorro o cooperativas donde según te pueden prestar dinero con muy pocos requisitos. Debes tener cuidado, pues hay muchas que únicamente son elaborados esquemas Ponzi, en dónde podrías terminar incluso mucho peor de cómo estabas. Debes cerciorarte que las instituciones de gobierno avalen a estas empresas y checar sus persmisos y documentación.

Existen además lugares de empeño. Muchos te pueden sacar de una emergencia, pero si no tienes certeza de que puedes pagar tal vez no deberías intentarlo pues pueden quedarse con la propiedad que empeñaste. Y aunque la mayoría son legales, muchas operan en el margen de lo legal. Por principio, siempre en cualquier lado, fíjate muy bien lo que firmas.

En cada país varia un poco la situación, así que debes estar al pendiente respecto a qué es legal y que no.

Puede costarte no sólo bienes materiales sino la seguridad y tranquilidad de toda tu familia.

Yo estuve a punto de pedir dinero prestado a una persona de "dudosa procedencia" que me daba dinero sólo a cambio de la copia de mi identificación y mi número telefónico. Como dije, estaba desesperado. Algo dentro de mí me dijo que NO lo hiciera, me vibraba muy mal. Así que me alejé, lo cuál estoy seguro fue la mejor decisión que pude haber tomado.

Tengo amigos que se dedican al comercio, que de pronto sí piden préstamos a otras personas en lo que determinada mercancía es pagada o les llega un X pago. Entoncés ellos usan el dinero que necesitan por el tiempo que lo requieren, pero tienen una mayor certeza de que ese pago va a llegar en un determinado momento. Es decir, tienen un Activo que al ser liquidado pagará esa cantidad prestada y sus intereses, incluso puede dar una buena ganancia.

Sin embargo, conseguir un pasivo para pagar más pasivos es algo que no recomiendo y menos si quién te da el dinero no es una institución debidamente acréditada por el gobierno. No recomiendo convertir el hoyo financiero en el que te has metido en un cráter gigante de donde jamás saldrás de deudas. Te doy toda esta información para que tú también sepas que buscar, discernir y tomar tu mejor decisión.

Los problemas de dinero... no se resuelven con dinero, sino con creatividad. Así que en vez de pedir más dinero préstado piensa como puedes generar más dinero ¿qué cosas podrías hacer que te generen más ingreso? ¿Con cuáles activos cuentas? ¿Qué gastos puedes reducir?

Espero haberte ayudado con ésta información. Ahora veremos algo que puede parecer algo raro, pero que evidentemente funciona para bien o para mal, y es el hecho de lo que haces con tu dinero y no tiene que ver contigo: Contribuir.

CAPÍTULO DIEZ: NO CONTRIBUIR.

Recuerdo que hace muchos años la ciudad en donde vivo se inundó. Muchas calles parecían ríos, unidades habitacionales enteras parecían lagunas. Muchos de esos lugares habían sido canales de riego y terrenos de cultivo (los últimos por cierto, debajo del nivel de la calle). Las personas mayores decían frases como "el agua tiene memoria" y "el agua conoce su camino", recordando la utilidad previa de muchos de estos lugares.

Lo cierto es que el flujo del agua es implacable y efectivamente hay una memoria impresa en la geografía del lugar por dónde ésta solía fluir; así que simplemente, encuentra el camino de menor resistencia para seguir fluyendo hacia dónde debe llegar.

¿Sabes? Con el dinero pasa lo mismo. Encuentra el camino de menor resistencia siempre y cuándo ese camino ha sido bloqueado por algo más invariablemente, tarde o temprano destruirá esos obstáculos.

Sé que éste libro lo he manejado muy técnicamente, en el mundo de lo tangible, de lo medible y visible; pero también hay aspetos del dinero que van mucho más allá de lo que podemos ver, en el campo de lo intangible. Habrá quiénes lo llaman magia o metafísica; yo lo entiendo como Ciencia que aún no entendemos del todo. Así que te pido que abras tu mente y tu corazón porque lo siguiente está basado en años de conocer e investigar la vida de personas con muy buena estabilidad financiera. ¿Te parece? Bien, empecemos.

El Dinero es una herramienta que nosotros los humanos creamos para cumplir determinados propósitos; sabemos que no es gratis pues nos cuesta un algo y entre más queremos, ese algo es más costoso. Así mismo es como un río que tiene que estar fluyendo constantemente o se pudre, contagiando a todo lo que le rodea. De tal suerte, que la avaricia es una pobre elección.

Así mismo el Dinero está ligado al principio de Causa y Efecto (Tercera Ley de Newton, como referencia). Así que todo el dinero ligado a un origen que causa daño, dolor, destrucción y muerte, va a generar inevitablemente los mismos efectos en sentido opuesto sobre él o los causantes. Sucede de la misma manera cuando lo ganamos ayudando, dando servicio, promoviendo la salud, la vida o el fortalecimiento del espíritu humano. Estos efectos pueden ser equivalentes o superiores a la causa, pero nunca inferiores.

El dinero es neutro, pero no la energía que le rodea, está impregnado por la o las personas que le usan. Del mismo modo viene impreso con dos propósitos, uno que tú le das y otro que es implícito: La contribución.

Contribuir se trata simplemente de balancear la ecuación, de llevarla a un estado de armonía. Tú recibes y en agradecimiento algo de lo que recibes lo regresas a la fuente de origen para que alguien más reciba y se beneficie. La contribución no es opcional; esto es, tu puedes hacerla de manera voluntaria o el univeso puede hacerla por ti, esa última no suele ser muy agradable.

Claro, se puede contribuir más que en dinero, también se hace en servicio a los demás, a la humanidad, ayudando al prójimo; pero invariablemente sí incluye poner también esa energía de la moneda en beneficio de los demás.

Más Pragmático que religioso.

En una Parte de la Biblia, Jesús dice: "Den al César lo que es del César, y den a Dios, lo que es de Dios". Con esto se refería a pagar los impuestos del gobierno así como a dar el diezmo. Esas son las dos formas de contribución monetaria y claro que vamos a hablar de ellas.

No sé que tipo de religión profeses, ni quisiera si tienes religión o alguna creencia espiritual o no. No vengo pedirte donaciones ni a evangelizarte. Así que relájate, respira hondo y mira esto desde un punto de vista sumamente práctico, pues lo que vas a leer ahora te va a ayudar con tu dinero. Así que por favor no veas esto como algo religioso.

Desde el antiguo testamento se habla de dar el diez por ciento de tus ganancias a Dios. Es algo que tiene miles de años haciéndose, desde la tradición Judia. El Libro de "El Rinoceronte" de Scott Alexander, habla de hacer a Dios tu socio, pagarle el 10% de lo que ganes y así el va a favorecer tus negocios. Puedes verlo con tan escepticismo como yo lo hice, pero lo cierto es que funciona.

Desde luego funciona cuando das de corazón, cuándo te desprendes del dinero sin miedo ni pena, pues sabes que de la fuente que viene hay mucho más para ti y viene en abundancia. Declara desde tu Fe, "Dios eres mi socio, te doy parte de mis ganancias como un gesto de agradecimiento por todo lo que me das y lo mucho que me beneficias. ¡Decláralo en voz alta!

Efectivamente, de donde salió ese dinero hay más para ti, es una fuente inagotable de abundancia. Cuando das sin miedo, porque sabes que hay mucho más en camino, ¿sabes que sucede? Que mucho más llega. Pero debes dar sin miedo, con amor, felicidad y Fe.

A mí, en lo pesonal no me convencía mucho esto de dar dinero a la iglesia, pues sentía que más bien mi dinero se quedaba con los intermidarios y que no llegaba a Dios. Tuve que deshacerme de muchos prejuicios para dar a la inglesia, ¿Sabes qué? Funcionó. Simplemente cuando di recibí más. Mi testimonio es igual al de muchas personas a quiénes les va muy bien, muchos de ellos millonarios. No tengas miedo de dar.

La verdad es que yo elijó a que Iglesia dar mi dinero. Pero, en un principio no quería darlo y he aquí la razón: Jesús dijo "lo que haces por el más pequeño de mis hijos, lo haces por mí". Así que pensé, bueno en vez de contribuir a la iglesia puedo darle dinero a alguien que en verdad lo necesite. Pueden ser personas, organizaciones sin fines de lucro, lo que nazca de tu corazón, a quién sientas que debes ayudar ayuda, sin pedir nada a cambio, recuerda que es un acto de gratitud y balance. No se trata de dar hasta que te duela, eso es algo masoquista, se trata de dar para ser feliz y dar lo que te haga feliz. Es una buena opción para aquellas personas que no van a la iglesia, incluidos los ateos.

En verdad contribuir te hará sentir muy bien. Pero, ¿es obligatorio dar el 10%? Yo creo que no porque das con el corazón, es un acto de amor y el amor no puede ni debe ser obligatorio. Así que da lo que te haga feliz. ¿Puedes dar el diez? Genial ¿Puedes dar más? Genial ¿Puedes dar menos? Genial. Pero no des menos porque sientes que no te alcanza o por avaricia, porque lo pagarás. Tampoco des más para expiar tus culpas, porque no habrá dinero en el mundo para hacerlo. Da por conveniencia propia, si gustas, por ser cosa de negocios también se vale. Sólo has el compromiso de dar un porcentaje al mes, al trimestre, al año, como tú lo decidas, pero da.

¿Qué pasa si no doy? El Universo es balance, todo debe estar en perfecta armonía, así que no das por tu voluntad será tomado de tu bolsillo lo que se considere necesario y, generalmente con intereses; no te conviene ese camino.

También aplica cuando no pagas tus deudas, el Universo te va a cobrar. Así que paga en cuánto puedas, en cuánto te pongas de pie paga. Porque si no tienes la intención de pagar te costará mucho recuperarte o tal vez no lo logres.

Al César...

Pues sí, hay que pagar impuestos al gobierno. Sé que a muchos no les agrada, sé que muchos hacen hasta lo imposible por evadirlos. Seré muy simple y claro con esto.

El dinero de tus impuestos, aunque se ocupa en pagar muchas cosas que no agradan (como salarios de políticos, obras públicas que no van a ningún lugar), también paga cosas maravillosas, como escuelas, hospitales, carreteras, beneficios a los más necesitados, y muchos servicios o subsidios. Además es un asunto de Ley y debemos respetar la Ley si queremos que los demás la respeten.

¿Qué pasa si no pagas? El gobierno vendrá por lo que es suyo, con intereses y a veces con peores consecuencias. De todas formas gobierno o no, el Universo, una vez más va a balancear la situación, pues el equilibrio nunca se puede perder.

Contrata a un contador.

Ahora bien se trata de pagues lo justo ni más ni menos, lo justo. Debes explorar las leyes de tu país, saber si hay deducciones que puedas aprovechar o estímulos fiscales que te beneficien. Deberías contratar a un contador, asesorarte con un experto. Sí te va a costar, pero también te puede ahorrar tiempo, dinero y dolores de cabeza, sobre todo si eres emprendedor o tienes negocios.

Lo mismo que con el diezmo, se feliz al dar, pues muchas personas no pueden pagar impuestos porque no tienen empleo. Se feliz de que tu dinero va a ayudar a muchas personas por medio del gobierno. Dale esa encomienda antes de pagar y sonríe. No intentes "engañar al balance", no juegues ese juego pues puede resultar en verdad costoso.

Recuerda, de dónde vino ese dinero, hay una fuente inagotable a tu disposición, así que no temas dar sino que da con el corazón. Espero en verdad que hayas disfrutado éste capítulo, como yo disfrute escribirlo, y que sea de utilidad y bendición para tu vida.

Porque lo que viene, va a ser muy personal para mí, el siguiente capítulo, vaya, hasta me cuesta trabajo pensar en él... la causa de mi último fracaso financiero.

CAPÍTULO ONCE: CUANDO TU EGO ES MÁS GRANDE QUE TÚ.

Permíteme contarte un poco acerca de mí. Yo crecí en una familia de clase media en la gran Ciudad de México. Nuestra casa estaba en un pequeño suburbio de casas y departamentos de interés social. Mis padres tenían un buen empleo, y mis hermanos eran geniales, así que realmente nunca me faltó nada. Para cuando tenía unos 11 años todo cambió.

Mis padres tuvieron que pensionarse, el mismo año, por problemas de salud, a pesar de que estaban en dos empleos diferentes, así que nos tuvimos que mudar a provincia, a casa de mi tía abuela, a quién siempre amaré y le estaré agradecido. Mi hermano, el de en medio, murió en un accidente de auto en ese tiempo, fue un muy duro golpe para todos.

Mi padre decidió poner su propio negocio, basado en la experiencia que tenía de su empleo, aunque no tenía ni idea de comer ser empresario, no es su culpa, en esos tiempos no había acceso a la información como ahora, ni EF accesible.

Así que desde ese momento todo fue cuesta arriba en el aspecto financiero, no había una escacez tal cual, pero tampoco había abundancia. Todo empeoró con la crisis financiera de 1994, llamada "el erro de diciembre".

En mi vida de adulto joven todo fue ser empleado y depender de un sueldo, no estaba acostumbrado a tener una buena cantidad de dinero y no podía darme ciertos lujos. Entoncés llegó a mí el Mercadeo en Red, modelo de negocios en el cuál me costo en un comienzo lograr resultados porque mi Ego era muy grande y pensé, tontamente, que yo podía hacerlo mejor que los demás, y nadie podía enseñarme nada. Obvio, no es así como funciona.

Después me decidí a hacerle caso a las personas que tenían éxito y me empezó a ir bien, tuve un éxito modederado, pero para mí, era más de lo que había logrado nunca antes en la vida. Mi Ego volvió a crecer a la par de mis gastos, lo que derivó en la situación que ya conoces.

En esto proceso descubrí que me encanta aprender, llenarme de nuevos conocimientos que además me apasionen y esto de la EF me resultó bastante interesante desde la primera vez que leí "Padre Rico, Padre Pobre" hace más de diez años. En ese proceso he leído cantidad de libros, he visto muchos vídeos, escuchado audios, asistido a conferencias, seminarios y webinars, talleres; he platicado con millonarios y empresarios exitosos sobre el dinero y el como lograron su fortuna, me asesorado con coaches. Incluso dediqué un año exclusivamente a aprender EF.

Creerte Invencible no te hace así.

Por el hecho de todo el conocimiento me sentía invencible, pensaba que sabía las reglas y las excepciones, incluso podía jugar con las circunstancias para que todo fuera a mi favor y ¿sabes qué? Por un tiempo así fue, la verdad me iba muy bien... hasta que todo empezó a ir muy mal.

Lo peor es que cuando tienes el ego tan grande y caes, duele demasiado. Es como en esas caricaturas cuando el coyote va cayendo de un precipicio después de perseguir al correcaminos y escuchas el sonido del viento hasta que ¡PLUM! Se estrella contra el piso para luego ser aplastado por una roca gigante que cayó junto con él. Ese era yo, "Abnerius E Coyote".

La diferencia es que yo no pude sacar mi brazo debajo de la roca con el letrero de "ouch". De hecho me sentí destrozado, un completo fracaso, estuve muy deprimido y como comenté al principio, pensé incluso en el suicidio. ¿Cómo era posible que un tipo que sabía tanto como yo, pudiera fracasar tan estrepitosamente? Eso pudo pasarle a cualquiera, no a mí... ¡NO A MÍ!

A veces pierdes las perspectiva.

Nunca había sido invencible, ni tan bueno como creía. De hecho, generalmente, no lo somos nunca. El ego es una gran sombra que todo lo nubla, nos confunde y nos lleva a decidir de manera equivocada, precipitada o ilusa. No puedo hacer nada para volver al pasado y solucionar esto, pero puedo decirte que fue lo que hice mal para que tú no caigas en el mismo error que yo.

Antes de continuar debo advertirte que para seguir deberás poner a tu ego en el closet o guardarlo en un baúl debajo de la cama, pues algunas de las cosas que voy a decir pueden resultarte incomodas, de ser así significa que puedes tener un ego algo inflamado y listo para dar problemas.

1. No eres tan bueno como piensas. Hay miles, tal vez millones de personas que son mejores que tú en negocios y finanzas; eso no es malo porque siempre puedes mejorar, pero cuando te crees producto terminado generalmente es cuando eres más vulnerable a los ataques, los engaños y las crisis. Así que tu primer paso es admitir que no eres invencible, ni lo sabes todo.

2. Te estás mintiendo...¡Y lo sabes! Yo me mentía, sabía que maquillaba mis cifras, que mis pronósticos y expectativas eran demasiado optimistas, pero mi ego me decía que eso no importaba porque de todas formas lo iba a lograr. Es decir, podría ser imposible para la mayoría de las personas pero no para mí. Decía estar seguro en que lo iba a lograr, pero una parte de mí sabía que mentía y aunque hice lo más que pude por callarla, siempre estuvo ahí. No me importa que tan genial sea tu producto o servicio, o tus conocimientos y credenciales, si inventas y mientes, te condenas.

3. Pero los números jamás te mentirán. No puedes justificar gastar $13,000 al mes cuando tus ingresos son de

$9,000. No vas a inventar cifras, pues lo que tienes es lo que es y nada más. Yo no estaba haciendo números, porque sabía que no había una forma lógica de justificar muchas cosas. Mi ego me decía que con hacer cálculos mentales estaba bien y era suficiente, no para todos pero sí para mí. Toma una libreta y anota tus ingresos y egresos por semana, por mes, por año; si la diferencia es positiva vas ganando, si es negativa le debes hasta la camisa la banco.

4. Tampoco lo vas a prevenir todo. Siempre hay imprevistos que te pueden costar mucho más de lo que te imaginas y no los ves venir. Los factores micro y macro enconómicos son entes vivos que cambian de forma a cada instante. Sí yo estaba muy conciente de las condiciones de la economía y de las tendencias; pensaba me encontraba muy bien informado, mi ego estaba seguro de que podría ver el Iceberg a kilometros de distancia y esquivarlo a tiempo sin ningún problema, pero no pude preveer el sismo de 2017 por ejemplo. Se consciente de que no hay tal cosa como el control, prepárate para tener un plan B en caso de que algo salga mal.

5. Busca un ancla. Necesitas a alguien que te mantenga con los pies en la tierra y pegado a la realidad. En mi caso yo tenía y aún tengo un mentor, que además es un magnífico actuario y hombre de negocios. Antes no tomaba decisiones importantes sin consultar su opinión, pues él sabe más que yo, además que tiene una perspectiva que yo no podría tener. Así que cuando me empezaba a ir muy bien y comencé a decidir de manera arriesgada no le consulté nada. Mi ego me decía que él era muy conservador y que no iba a entender mi maravilloso plan para catapultar mis ganancias. La verdad es que dentro de mí yo entendía con claridad que mi mentor me haría notar lo estúpido que era todo esto y me hubiera hecho

dar marcha atrás, por eso prefería justificar el ocultarlo. Cuando tengas tu ancla o mentor, que debe ser de tu total confianza y respeto, jamás le mientas.

Recupera la humildad.

No hay que confundir ser humilde con ser agachado, cobarde o tener baja auto estima; se trata más bien de tener una personalidad con el ego controlado y en equilibrio con tu entorno. También implica celebrar los triunfos y saber reconocer los errores y las carencias. Un ser humano perfecto es una ilusión a la cual debes renunciar en pos de la paz mental y la felicidad.

Ser humilde es aceptar que hay personas que saben más que tú, y pedirles consejo, a veces incluso pagarles, pues sabes que te pueden ahorrar muchísimo dinero. Así mismo, es buscar constantemente la información veráz y adecuada, no la que te convenga o te haga seguir con tu ilusión; recuerda que mentirte no sólo es estúpido sino arriesgado.

En mi casa hay un pasillo que conduce de la puerta principal a la cochera, atravesando por el jardín, en donde hay un lindo árbol de mandarinas. En la época lluvias las ramas crecen y atraviesan por el pasillo mientras las mandarinas van creciendo.

Esto hace que las ramas se pesen y queden a la altura de mi cabeza. En ocasiones me distraigo y me golpeo con una buena mandarina en la cabeza, cosa que no sucedería si me agachara un poco más, es entonces cuando exclamo un homeresco "¡ouh!". Exclamo entonces mientras sobo mi cabeza "Gracias Dios por enseñarme humildad"*. Pues ya sabes, bajar la cabeza ante el creador es un signo de humildad ante su grandeza.

Eso me hace recordar que los descalabros que nos da la vida también nos recuerdan ser humildes y aceptar que no somos todo poderosos.

Para evitar llegar a esos extremos debes controlar a tu ego, que puede ser una buena herramienta si lo tienes bajo control. O puede destruirte si no lo haces. A mí me costo muchísimo, y estuve a punto de no levantarme.

La parte baja del Ego.

Todo en éste mundo debe estar basado en el equilibrio, tan malo es sentirte la última botella de agua en el desierto como sentir que no vales lo suficiente, es decir la baja autoestima. A veces, este sentimiento de carencia se disfraza de un Ego grande, que es en realidad un gran miedo.

Todo este sentimiento de carencia, de no ser suficiente, de no ser valorado, debe ser llenado. Recuerda que para todo ser humano es vital el sentirse importante, valioso, aceptado. El problema reside en intentar llenar esos vacíos emocionales con cosas materiales. Sí, lo admito, también use el dinero para llenar esos vacíos. Obvio no resulta y como no resulta, sigues comprando más y más para llenar, un vedadero círculo vicioso.

Voy a ser claro en esto, ninguna cantidad de dinero, nada que puedas comprar va a llenar tus vacíos emocionales. Nunca de ninguna manera. Así que todo crecimiento financiero debe ir de la mano con un crecimiento personal y espiritual para que todo funcione en armonía y equilibrio. No hay otro camino a la abundancia verdadera.

Pero gastas para impresionar.

En mi ciudad, no sé si en la tuya, muchas personas buscan dar la impresión de tener un estilo de vida mayor al que pueden acceder. Para llegar a esto se endedudan de forma impresionante. Compran ropa, autos, casas, viajes, a crédito, tapando deudas con otras deudas. Por eso muchos autos son recobrados por las agencias automotrices o las financieras, porque las personas no podían pagarlo en un principio.

Lo peor es que gastas el dinero que no tienes para impresionar a personas a quiénes no les importas. Tu vida se vuelve en un castillo de naipes que caerá al menor moviemiento.

He conocido casos de personas con el auto más nuevo, el teléfono celular más reciente, la ropa más de moda, que nunca tienen dinero en efectivo, que luchan para comer todos los días, se la viven pidiendo prestado para pagar otra deuda. Espero que no sea tu caso porque esa no es forma de vivir. Afortunadamente con la EF se puede dar un "golpe de timón" y darle un mejor sentido a una vida más próspera y feliz.

El Amor y el dinero.

Tal vez te enseñaron a valorarte respecto al dinero o lujos que posees, que tu nivel de riqueza era un condicionante del amor que puedes recibir.

Los medios de comunicación nos enseñan que tener mucho dinero te compra respeto, admiración afecto. Nada más alejado de la verdad. Sí hay muchas personas que van a ponerte alfombra roja basados en lo que posees, pero son personas que no necesitas en tu vida y que tienen mayores carestías que tú.

Las personas que necesitas cerca de ti te valoran por lo que eres como ser humano, por como piensas, por tus valores. No les importa en dónde estás ahora si no en donde sabes que vas a estar. Por favor, no confundas esto con el conformismo, que es vivir una vida limitada y alejada de la abundancia universal.

Las personas que valen la pena te valoran por lo que eres. Es aquí donde el ego te puede engañar, y decirte al oído que necesitas más para ser aceptado, amado, admirado. No necesitas más, necesitas mejor, una mejor versión de ti cada día. Ser una persona que contribuye, que no se aprovecha, que tiene sus principios y valores bien claros, que busca el bienestar común.

Tristemente hay muchos hombres en mi país, no sé en el tuyo, que piensan que necesitan dinero para que una mujer los ame. Eso es porque no valoran la persona que son, tienen baja autoestima. Cuando tú eres un hombre grandioso en crecimiento el amor va a llegar a ti ¡Por lo que eres!

Hay muchas mujeres que buscan un hombre con dinero para "enamorarse", pero eso es vacío y conduce a la sumisión. Es baja auto estima disfrazada de un ego elevado y es muy vulnerable. Mejor busquen a un hombre con valor en toda la extensión de la palabra. Recuerden que, como dijo alguien alguna vez, "el verdadero amor no es el baja desde la admiración, sino que el que sube desde el respeto".

El Ego no eres tú.

El ego te puede hacer mucho daño, es muy diferente al amor propio y el auto respeto. Si es muy elevado te hará caer duro y fuerte tarde o temprano. Si tu autoestima es baja (ego a la inversa) te impedirá levantarte y salir adelante. Recuerda que todo debe ser un equilibrio, todo debe estar balanceado.

Piensa y recuerda que vales mucho por lo que eres, pero que no eres más que tus semejantes. Adquiere conocimientos cada día que te hagan crecer, pero jamás pienses que lo sabes todo ni que eres producto terminado. Ten mucha confianza en ti, en lo que puedes lograr, pero jamás te confíes en que no puedes sufrir un revés, o una mala racha.

Yo te recomiendo tener una vida espiritual, y no hablo de religión. Me refiero a tener una relación de amor con la inteligencia infinita que nos creó. Eso te ayudará a encontrar ese equilibrio, y a no dejarte distraer por el ego y sus trampas mortales. El balance es la clave.

Este capítulo fue muy complicado para mí, así que vamos al siguiente.

CAPÍTULO DOCE: NO TENER UN PROPÓSITO PARA TU DINERO.

Imagina que se te aparece el Genio de la lámpara maravillosa y te dice:

"Te daré ahora mismo un millón de dólares si me dices en menos de un treinta segundos que vas a hacer con él. De lo contrario no tendrás un centavo. Corre tiempo..."

Contésta rápidamente: ¿Qué harías ahora con un millón de dólares?

Lo cierto es que la mayoría de las personas pueden pensar a lo mucho una o dos cosas medianamente concretas, el resto es muy vago: comprar una casa más grande, tener muchos autos, viajar por el mundo... etc. Es decir, generalidades que aplican básicamente a todos.

Pocos, muy pocos tienen un verdadero prósito para su dinero, es por eso que se escurre entre sus dedos como el agua de un río, constantemente está fluyendo, cambiando de manos, generando más riqueza; una vez que se estanca, se empieza a podrir. El dinero fue hecho para circular y hay formas muy inteligentes de hacerlo, aunque también hay muchas poco creativas e incluso dañinas.

¿Para qué me quieres?

Recuedo que tenía una novia hace muchos años que constantemente me preguntaba "¿por qué me quieres?" Supongo que para saber si las razones por las que yo estaba con ella eran las correctas. Una vez que yo le enunciaba todas las cualidades que me hacían quererla ella simplemente me daba un beso y todo seguía normal. Supongo que a alguien más le ha pasado.

Ahora imagina que tienes una relación con el dinero, que de hecho la tienes. Imagina que estás en tu cama con tu dinero y éste te pregunta:

Dinero—Oye, ¿para qué me quieres?

Tú—Pues, para comprar cosas.

Dinero--¿Sí? ¿Cómo que cosas?

Tú—Pues no sé, cosas como comida y así.

Dinero—Y si yo te diera sólo comida, ¿serías feliz conmigo?

Tú—Pues no porque también necesito otras cosas de ti.

Dinero—Ok y ¿cómo que cantidad de mí necesitas para comprar todas esas cosas que necesitas?

Tú—No sé, mucho, entre más mejor.

Dinero—Pero ¿cúanto es mucho? ¿con cuánto te alcanza?

Tú—No lo sé, no lo había pensado.

Dinero—No tienes idea de que hacer conmigo ¿verdad?

Tú—Pues creo que no muy bien.

Dinero—Siento que ésta relación no me esta funcionando, creo que sería mejor que empiece a ver a otras personas.

Sí, sé que suena muy simple y muy loco, pero es muy parecido a la realidad.

Si tú no sabes que hacer con tu dinero...

...ten por seguro que alguien sabrá. Es algo axiomático, es la razón porque tantas estafas, esquemas Ponzi y demás fraudes siguen funcionando; es la razón del consumo desmedido y del porqué compramos cosas que no necesitamos. No sabemos que hacer con nuestro dinero, pero hay muchos que sí saben.

Es por ello que los planes de retiro te piden una contribución voluntaria para incrementar tu pensión, porque creen saber que son mejores que tú para decidir que hacer con tu dinero. Por esa razón hay tantos infomerciales ofreciendo productos tan fascinantes como inútiles, ellos saben que hacer con tu dinero. Lo mismo los Bancos, las aseguradoras y hasta el señor de la tienda de la esquina que siempre te hace comprar más de lo que necesitas.

Las grandes crisis financieras de la historia antes de suceder han dado grandes dividendos a las personas detrás de ellas, mientras miles o millones de afectados lo perdieron todo; hubo alguien que sí supo que hacer con ese dinero.

Detrás de cada Flor de la abundancia, de cada estafa Ponzi en general, hay personas muy vivas que sí saben que hacer con tu dinero y harán mucho con él, mientras tú pierdes todo lo que con trabajo, esfuerzo y sacrificio ganaste. Decía P.T. Barnum "nace un tonto cada minuto" Y hay muchas personas buscando a ese tonto, aunque yo no lo llamaría así, más bien todos somos ignorantes en algún aspecto y hay personas que se aprovechan de esa ignorancia. Por eso mi insistencia en tu educación financiera.

Lo que dura un billete.

¿Sabes que entre más grande sea un billete más tiempo pasará en tus bolsillos? Pero una vez que empiezas a gastarlo parece que se esfuma por arte de magia. Tanto para una empresa como para las personas los gastos hormiga son mortales. Se te antojo una soda camino a casa, te dio antojo de unos cacahuates en el trabajo. De regreso a casa no puedes resistirte a una rebanada de pastel, pero, obviamente, debes acompañarla con un café capuccino ¿Habrás gastado unos $4 dólares? Multiplícalo por los 5 días de la semana, son $20 dls. Eso sin contar el sábado en cine con la familia, palomitas, sodas, estacionamiento, una cena después... $40 dólares fácil.

Eso sería un total de $60 dólares en pequeñeces, equivale a la mitad del salario mínimo de una persona en México. De verdad no quiero decirte que no te cumplas ciertos antojos y caprichos, ¡pero no tienes que gastar tanto en ellos y todos los días! ¿O sí?

Yo también me consiento de vez en cuándo, pero intento no gastar todo mi dinero en caprichos, por más atractivos que parezcan. Aunque sí hubo un tiempo en que lo hice, cuándo me sentía invencible y pensaba que era una máquina de hacer dinero. Sin esos gastos hormiga la caída hubiera sido menos dura, incluso pude haberla remontado.

Planifica antes de tenerlo.

Así que debes planificar que hacer con tu dinero, incluso antes de que lo tengas en tus manos. Debes planear muy bien en que y como gastar. En un siguiente capítulo te voy a dar unos muy buenos consejos para hacerlo, pero por lo pronto.

1. *Tu aguinaldo o gratificación de Navidad:* debes saber exactamente como la vas a utilizar y no gastarla toda. Has un presupuesto para regalos, fiesta, cenas, viajes o lo que sea que vayas a hacer en las fiestas. Apégate a ese presupuesto sin importar que. Yo de hecho planeo hasta cuanto voy a gastar en cada regalo y créeme, me tomo mi tiempo para comprarlos.
2. *En compras de ofertas y promociones* como el Black Friday en EE. UU. o el "buen fin" en México, debes presupuestar cuánto vas a gastar en algo que YA TENÍAS PENSADO COMPRAR. Es decir, no se valen compras de impulso. Has también un presupuesto y procura pagarlo todo de contado.
3. *Igual tus vacaciones debes planearlas* con un año de anticipación y debes ahorrar para ellas, de hecho puedes ahorrar invirtiendo.
4. Planea tus gastos fijos como luz, agua, telefonía, despensa. Cuándo vayas al súper mercado, ya debes llevar una lista con lo que vas a comprar y apegarte a esa lista. A mí me funciona.

Creo que ya te das una idea. Es importante tener un presupuesto para todo y apegarnos a él en la medida de lo posible.

De hecho yo me molesto un poco cuando algo se sale de mi presupuesto. Una vez más, pude ahorrarme muchos dolores de cabeza si hubiera sido fiel a esto hace un par de años.

Y como no se valen las compras por impulso no vayas a todos lados con tus tarjetas de crédito. Ya hablamos de eso, así que úsalas cuándo realmente las vayas a ocupar. Eso te ahorrará muchos problemas.

Puedes hacerlo de una manera muy simple, divertida. A mí me funciona mucho apuntar todo, planear bien mis gastos. No soy contador, pero he aprendido que si no sabes en que gastas tu dinero luego no sabrás en que lo gastaste. Vamos a hablar de eso más adelante.

Por ahora debemos pasar al siguiente capítulo, en dónde vamos a hablar más a fondo sobre esa relación con el dinero, que a veces puede no ser muy buena y no lo sabías.

CAPÍTULO TRECE: UNA MALA RELACIÓN CON EL DINERO.

Imagina que tienes una relación con una persona y le dices que no es importante para ti, que cada que llega contigo intentas deshacerte inmediatamente de ella, que a todo mundo le hablas pestes de esa persona mientras exclamas lo mucho que le necesitas.

¿Cómo describirías tu relación con esa persona? ¿Mala? ¿enfermiza y tóxica? ¿codependiente? ¿tortuosa?

Ahora ponte a pensar en tu relación con el dinero ¿te suena algo parecido a lo que hablamos antes? Muy probablemente digas que no de primera mano, pero si vences tu resistencia y lo analizas más a fondo, es posible que encuentres similitudes.

Yo tenía "Money Issues".

La verdad es que nuestra sociedad nos muestra lo mucho que dependemos del dinero, al mismo tiempo que nos enseña a despreciarlo y a quiénes lo tienen.

Mi relación con el dinero, como la de muchos de ustedes, es complicada por decir lo menos. Se compone desde las creencias inculcadas en mi infancia hasta la forma en que lo gastaba cuando empecé a ganarlo.

Mi primer empleo real fue como maestro de teatro y apreciación artística en una Preparatoria y Secundaria. Fue muy divertido, una época maravillosa de mi vida y ganaba bastante bien para mis necesidades. En ese momento vivía en casa de mis padres, no tenía novia, ni ningún tipo de compromiso. Así que todo lo que llegaba lo gastaba. Daba dinero para la despensa y el resto iba a ropa, diversión y libros, muchos libros. No me preocupaba porque a la siguiente quincena llegaba más. No estaba interesado en ahorrar o invertir, sino en vivir el aquí y el ahora. Era muy joven, estaba en mis tempranos veintes.

Luego vino el mejor empleo que he tenido hasta ahora, el de Técnico Radiólogo, ganaba mucho más y curiosamente encontré la manera de gastarme el dinero extra que ganaba. De hecho un estudio dice que si alguien sube su nivel de ingreso, tardará un promedio de tres meses en llegar a las mismas condiciones anteriores, es decir te sobra mes al final de sueldo.

Pero entoncés ya era adulto y me empezaba a endeudar. Pides prestado cuando no te alcanza a terminar el mes y luego vienen las tarjetas de crédito. Total no sólo me terminaba mi dinero sino que gastaba más de lo que ganaba. Fue en ese momento cuando empecé a vivir al día y luego vino mi primer quiebra financiera.

¿Qué te dice eso de mi relación con el dinero? No valoraba todo el esfuerzo y el sacrificio que me costaba ganarlo, de hecho hacía todo lo posible para desaparecerlo de mi vida, por más que lo necesitaba, una especie de amor/ odio.

Desde luego, me hacía falta mucha educación financiera, pero también eran asuntos ligados a costumbres, antecedentes familiares (epigenética), experiencias y creencias personales.

Creencias limitantes del dinero.

Es de eso último que debemos hablar primero, nuestras creencias limitantes sobre el dinero. Me voy a meter en algunos asuntos un tanto espinosos, espero que no me lo tomen a mal, no la llevo en contra de nadie, es un análisis meramente objetivo.

Esto desgraciadamente lo tengo grabado mi cerebro con cincel “más fácil pasa el camello por el ojo de una...”¿ una qué? No tengo que seguir, te la sabes de memoria. Lo peor es que tengo el recuerdo de cuando era un pequeño, de un sacerdote hablando de los vicios de tener dinero, de cómo eso podría llevarme al infierno ¿está loco? ¡Yo no quiero ir al infierno! Aunque la cita en cuestión trata más de la avaricia mal sana que privilegia el amor al dinero por encima de todo lo demás, pero yo no lo sabía, nadie me lo explicó.

El cristianismo utilizó durante muchos años la implantación de creencias negativas sobre el dinero como un mecanismo de control y poder sobre las personas comúnes y muchas iglesias aún lo hacen, ¡En pleno siglo XXI! Ya sabes, "prefiero ser pobre un rato aquí en la tierra e irme al cielo, que ser rico aquí un rato e irme al infierno"

Luego las telenovelas mexicanas. No sé que onda con las de otros países, pero aquí pasaba básicamente esto con diferentes variaciones. La chica pobre y muy hermosa se enamora del chico guapo y millonario, toda la familia rica es una bola de sádicos malignos que hacen hasta lo imposible para mantenerlos separados. Te enseñaban que los pobres eran los buenos y que los ricos malos. De heho la televisión mexicana tiene un largo historial de programas de televisión que "romantizan la pobreza" y la hacen tan aceptable. Creo que eso sucede mucho en toda latino américa.

En la familia, para tristeza nuestra, también hay muchas creencias negativas del dinero y nos impactan en las edades en las que somos más suceptibles a ellas. No es mala onda de tu familia, pues así les enseñaron a ellos. De hecho si no vienes de una familia es ricos industriales, es muy seguro que tengas muchas de estas creencias bien arraigadas en tu subconsciente. Si te sientes con molestia o incomodidad al leer esto es seguro que las tienes. Lo siento, pero yo también padezco de lo mismo.

Básicamente es así:

- El dinero hace malas a las personas.
- Los ricos son malos.
- Si tienes dinero, te vas a ir al infierno.
- El dinero te aleja de dios.
- El dinero te hace materialista y mundano.
- Las personas que tiene mucho dinero son deshonestas.
- El que no tranza, no avanza.
- El dinero es sucio.

¿Te suena familiar? Estoy seguro que puedes nombrar muchos dichos de tu país que se relacionan con estás ideas y vivencias también. Mi madre era enfermera y una fanática de la limpieza e higiene. Ella me decía de pequeño que me lavara las manos cada vez que agarrara dinero pues estaba sucio. Obvio ella lo hacía con la mejor de las intenciones, evitar que su hijo se enferme, a sabiendas de todas las bacterias y los virus que andan por ahí. Hoy sabemos que está mas sucio el picaporte de una puerta que un billete.

Imagina la imagen de suciedad asociada en mi cabeza con el dinero. Aún hoy a veces me lavo las manos después de tocar dinero. Estoy combatiendo esas creencias. Yo he visto a uno de mis mentores más queridos, Eduardo Barreto, lamer un billete para probar que el dinero no es sucio.

Mi padre tuvo por un tiempo serios problemas de deudas, sobre todo con un banco y un socio. ¿A alguien más le toco responder el telefóno o abrir la puerta para mentir que su padre no estaba, cuando iba un cobrador? Levanten la mano y digan "YO". Eso me tocó en la adolescencia y me dejo la impresión de que el dinero trae dolor y problemas. Yo me prometí no repetir ese patrón ¡Y lo repetí!

Así que imagínate la cantidad de rollos con los que tenemos que lidiar.

Identifica tus creencias.

Para esto necesito que tengas total honestidad. No conmigo sino contigo, dentro de ti.

Escribe en una Libreta las creencias limitantes que tienes respecto al dinero. Te aseguro que son varias.

Vamos, ¿de verdad? Sólo esas. Te apuesto que tienes unas diez, mínimo. Bueno, escribe todas las que quieras.

Vamos a hacer introspección. Pon una cruz en cada creencia limitante del dinero que te fue heredada (Familia, Escuela, Amigos,

Religión). Ahora, pon un círculo en las creencias limitantes del dinero que tú escogiste de manera voluntaria en tu vida adulta (+18) como parte de tu experiencia. Por ejemplo, "si no gano suficiente dinero, nadie me va a querer como pareja".

Ahora vamos a ponernos un poco más intensos, nos vamos a meter con el Pasado. Quiero que pienses en al menos tres experiencias incómodas que tuviste con el dinero, sobre todo cuando eras joven. Por ejemplo; tus padres siempre peleaban por el dinero, conocías a alguien con mucho dinero que era un asco de persona, una persona te rechazó por no tener dinero. Piensa en esos momentos, míralos como si fueran una película proyectada en la pantalla de tu mente.

¿Cómo te sentiste en ese momento?

¿Qué reacción sucedió en tu cuerpo y tu mente mientras sucedía?

¿Qué decidiste aprender de todo esto?

¿Cómo afecto en tu relación actual con el dinero?

Anota todo eso, de la forma más extensa y clara que puedas.

Cambiar Creencias.

Es importante darnos cuenta que la mayoría de nuestras creencias limitantes te vienen desde naciste y va a ser muy complicado deshacerte de ellas, de hecho es imposible borrarlas así tal cual. Lo que puede hacer es empezar a reemplazarlas por creencias edificantes, poderosas y motivadoras. Debo decirte que estas nuevas creencias se irán viendo reforzadas por tu incremento en EF y tu asociación con personas de una nivel socio económico más elevado . Si estás en Mercadeo en Red tienes más que fácil eso de la asociación.

En vez de <u>El dinero hace malas a las personas</u> piensa <u>El dinero incrementa el potencial de lo que llevamos dentro</u>.

En vez de creer que las personas ricas son malas, te invito a conocer a personas con mucho dinero (pero que en verdad tengan dinero y no sólo aparenten tenerlo), y te vas a dar cuenta que la gran mayoría contribuye a causas sociales a través de donaciones y acciones comunitarias. Son personas amables, de trato cordial y generosas. Así que no te conformes con lo que te digan tus vecinos o familiares, sal a conocer personas ricas. ¿Hay ricos que son malos? Desde luego, como hay sacérdotes malos, maestros malos, obreros malos. Hay gente mala en todos lados, pero afortunadamente son la minoría.

Muchos citan esto del Mateo 19: 24, "más fácil pasa un camello..."bla, bla, bla... Y lo toman muy literalmente. Sin embargo hay que recordar que Jesús hablaba en parábolas. Éste versículo, como mencioné antes, se refiere a la codicia y avaricia excesiva ante puestas a la espiritualidad y el amor por la humanidad. Pero no significa que Jesús o Dios odien a los ricos o los desprecien, de hecho su ministerio era apoyado por el dinero de muchas personas ricas. José de Arimatea, que también era rico, pidió el cadaver del mesías a Pilatos, lo bajo de la cruz con sus propias manos y le dio sepultura. No, ser rico no es pecado.

Dicen que Todos los ricos son infelices y no hay mentira más grande. Sí hay ricos infelices, como personas de clase media, y como pobres. El asunto es que cuando no tienes que andar persiguiendo el dinero te puedes enfocar a metas más espirituales o personales, como irte de vacaciones con tu familia a la playa o pasar unos días en otro país, pagar sus estudios, servicios de salud de primer nivel, darles un buen hogar, alimento y vestido de calidad. Como dice la frase, "si de todas formas he de llorar, prefiero hacerlo viajando por el mundo en primera clase".

También dicen que El dinero siempre trae problemas, pero piénsalo un momento... ¿No será que es la falta de dinero la que siempre trae problemas?

Así es como cambiamos esas creencias limitantes, a través de una análisis objetivo de las mismas. Esas creencias limitantes lo único que hacen en tu vida es estorbarte en tu camino, no las necesitas.

Reencuadre.

Algo que he aprendido con el tiempo y probablemente tú ya lo sabes, es que en la vida no importa lo que te sucede, sino el como lo interpretas y lo que decides hacer con ello. El Maestro de maestros, el padre del condicionamiento neuro asociativo, Anthony Robbins lo expresa así:

1. ¿Qué sucedió?
2. ¿Qué significa?
3. ¿Qué voy a hacer al respecto?

El Reencuadre es una herramienta para poder observar un suceso determinado desde diversas perspectivas, no sólo con la que le habías visto la primera vez y encontrar la que nos empodera más, la que nos funciona mejor a lograr nuestros objetivos. Sé que es una sobre simplificación, pero no estoy aquí para dar cátedra de eso.

Estoy aquí para ayudarte con el tema del dinero, así que vamos a usar técnicas muy sencillas de reencuadre, respecto a esos sucesos. No puedo guiarte tal cuál, porque no conozco esos sucesos de tu vida, así que te voy a dar algunos ejemplos y como tú tienes una mente brillante e inteligente sabrás aplicarlos a tus propias vivencias.

Ejemplos:

Suceso: El jefe del trabajo de mi padre, dueño de la empresa, es un completo idiota que abusa de sus trabajadores, los trata como esclavos y le importa nada la vida de ellos. Es un total tirano y lo odio.

Interpretación (que yo le di): Aprendí que las personas con dinero sólo se interesan por el dinero, que tener dinero te hace mala persona y yo no quiero ser así. Por lo tanto elijo no tener nunca mucho dinero en mi vida (Esta última asunción puede ser incluso subconsciente).

Reencuadre (como lo decido ver ahora): Aprendí Que el dinero se puede usar para perjudicar a las personas o para beneficiarlas, el jefe de mi padre escogió la primera opción porque era un patético ser humano. Yo quiero tener mucho dinero y muchas empresas para poder hacer que mis empleados y sus familias tengan una vida mejor, como siempre quise que mi padre y mi familia tuvieran.

Suceso: Mis padres siempre peleaban por el dinero. Mi madre reclamaba que mi padre nunca traía suficiente a la casa, le decía que era un flojo y un holgazán; él se quejaba de que su esposa nunca apreciaba todo lo que hacía por nosotros, y las largas horas que pasaba en un trabajo que odiaba para poder mantenernos.

Interpretación: Aprendí que el dinero y todo tema relacionado con él sólo trae problemas, sobre todo en la familia (lo que curiosamente te hace rechazar el dinero de manera subconsciente y eso genera problemas ahora en tu familia).

Reencuadre: Aprendí que la falta de dinero puede traer problemas maritales y familiares. Si bien el dinero no es substituto del amor, el no carecer de él ayuda a que las personas pueden dejan de pelear por temas financieros y enfocarse en los temas de su relación que realmente importan.

Vaya que eso fue muy intenso, pero creo que quedó muy bien explicado. Así que antes de pasar al siguiente capítulo quiero que te pongas a hacer esos ejercicios. Recuerda que leer los ejemplos nada más no ayuda gran cosa.

“Oye Abnerius, ¿con estos simples ejercicios podré sanar mi relación con el dinero?”

Desearía que fuera tan fácil, pero no lo es. Esto es un proceso que te tomará cierto tiempo, mucha información, una creciente EF y tal vez tengas que recurrir a algún coach financiero o algunos cursos sobre lo mismo. Pero sin duda es un comienzo para empezar a entender que puede estar mal en esa relación.

Raimon Samsó y T Harv Eker tienen también mucha información

al respecto y Tony Robbins tambiénn te pude ayudar. Lo que sí te aseguro es que será un camino que valdrá la pena. Ahora a darle a esos ejercicios.

CAPÍTULO CATORCE: FALTA DE DISCIPLINA FINANCIERA.

Tengo un conocido al que le va iba bien en sus negocios de compra venta, de hecho era una maquina para hacer negocios y para vender, también lo era al gastar el dinero. Era realmente impresionante verlo llegar a un lugar y gastar más dinero en una hora que lo que yo ganaba en un mes, definitivamente era el rey de la fiesta y muchas personas querían estar cerca para beneficiarse.

Pero cuándo las situaciones en su vida cambiaron y el dinero empezó a escasear, fueron pocos los que se quedaron a su lado, sobre todo cuando tuvo que conseguir un empleo para poder mantenerse. Probablemente conoces a alguien que ha pasado por una situación similar. A mí me pasó.

Llega un momento en el que ganas más de lo que pensabas y no sabes que hacer con ese dinero, así que empiezas a gastarlo. Se incluyen factores emocionales, sociales y hasta culturales. Es complicado lidiar con todo eso de manera directa y yo creo que el mejor camino es lograr una disciplina financiera.

Esto no es algo que te enseñen en la escuela y sí tus padres jamás te enseñaron a ser disciplinado, te costará algo de trabajo. Aún así conozco muchas personas muy disciplinadas en sus campos que son como niños con dinero en una dulcería cuando se trata de sus finanzas.

Disciplina.

Antes de seguir vayamos con un concepto de disciplina que me encanta:

Disciplina es hacer algo que no te agrada para lograr algo que deseas.

Exploremos esto con mucho más calma.

La Disciplina podemos entenderla como un conjunto de acciones concretas dirigidas a lograr un objetivo u objetivos específicos. Es decir, tiene una razón de ser y es dicha razón la que posibilita su existencia.

Imagina la disciplina como un gran edificio hecho de ladrillos. Esos ladrillos son los hábitos. Algunos son más grandes que otros o más agrables, pero sin duda todos son necesarios. No se contruye con un solo ladrillo, no hay tal cosa.

¿Qué son los hábitos? No me quiero meter mucho en eso, pero te voy a dar un concepto que he armado en mi libro: **Pelea por tu Felicidad: Libro III Hábitos.**

Hábito: Modo de proceder adquirido por la repetición constante de actos iguales o semejantes y que se arraiga en nuestra mente, reforzado por un estímulo positivo o negativo, ejecutado de manera mecánica y fluida, ya sea para obtener placer o evitar dolor.

Con todo esto, podemos armar lo siguiente: Tu disciplina financiera se construye de pequeños actos que realizas de manera repetitiva todos los días, y que están dirigidos a lograr tu prosperidad financiera.

¿Recuerdas que al comienzo dije "disciplina es hacer algo que no te agrada..."? Pues vas a tener que encontrar la forma de que todas esas cosas que tienes que hacer y que no haces empiecen a agradarte, a tenerles gusto. Porque cada uno de esos actos puede evitar que seas un "sin casa" a los 60 años ¡o antes!

Basados en el concepto de hábito que te di anteriormente, tendrás que hacer esto de manera cotidiana, con gusto y alegría porque es algo que te beneficia y va encaminado a lograr cosas buenas para ti, para evitar que tengas que pedir limosna o vivir de tus hijos o dormir bajo un puente.

Tendrás que forzarte un poco al principio para que te agraden algunas de estas cosas y verás la manera de hacerlas divertidas, ergonómicas y sencillas. Tendrás que repetirlas constantemente, como el lavarte los dientes o ponerte los zapatos, hasta que se vuelvan actos cotidianos, mecánicos, parte de tu vida cotidiana. Repetirlos constantemente a tal punto que ya no pienses en si te gustan o no sino en que es algo que haces y ya. Claro que te enseñará los resultados y esto será muy bueno para ti. Además son cosas que podrás enseñar a amigos y familiares para que también vivan mejor.

Créeme, la falta de esta disciplina financiera es una constante en la mayoría de las quiebras financieras, porque las personas no tienen el hábito más fundamental de las finanzas: Cuidar al dinero como a un empleado que también es miembro de la familia y tu mejor amigo.

Empezemos pues.

Calcula Tus Ingresos.

Parece fácil, sobre todo si eres empleado, pues tu ingreso es fijo. Y aún así, la gente gasta más de lo que tiene. Parece inconcebible.

Toma una libreta, de hecho debes tener una libreta para tus finanzas, anota tu ingreso del siguiente mes. Por ejemplo si tu siguiente mes es Enero, pones:

Ingreso Enero: $15,000.

Si eres emprendedor no tienes un ingreso seguro, a menos que tengas residuales o pasivos. Pero debes tener una meta, y un mínimo, ¿correcto?

Ingreso Estimado Enero: $20,000 Ingreso Necesario Enero: $12,000 (esto es lo mínimo que necesitas para salir de tus obligaciones y comer tres veces al día).

Bueno, veamos el primer caso. Ya que tenemos nuestro ingreso estimado en Enero de $15,000. Veamos que obligaciones tenemos. Recuerda es un mero ejemplo y los números son al azar, para ilustrar.

Obligaciones/Gastos Enero:

Renta: $2,000.

Telefonía 1,000.

Servicios (agua, luz, cable, gas) 1,000.

Pagos tarjetas: 3,000.

Pagos prestamos: 500 (Recuerda, tus deudas no deben suponer más del 30% de tu ingreso y en este caso suponiendo que tus servicios no sean pagos domiciliados en tus TDC).

Supermercado: $2,000.

Gasolina: $800.

Hasta aquí tenemos un gran total de $9,800. Así que aún nos quedan $5,200 para comprar ropa, viajes, diversiones, vida social, pagar el diezmo y contribuir).

De Diezmo y contribuir serían $1,500 más, así que nos queda un gran total de $3,700 para gastos varios.

No estoy considerando los impuestos, porque varían mucho dependiendo de tu situación y país, entoncés es un ingreso después de impuestos. Generalmente como empleado ya vienen deducidos tus impuestos al momento en que recibes tu dinero.

¿Alguna vez has presupuestado tus gastos de esta manera?

¿Será esa la razón por la cuál terminas gastando más de lo que ganas?

Pequeñas cajas.

Vamos a suponer que recibes todo tu dinero en diversos billetes el día primero de cada mes. Ahora tienes pequeñas cajas de madera con diferentes nombres.

Hay una caja que dice "Renta", abre esa caja y pon ahí el dinero destinado a ese propósito. En el ejemplo eran $2,000. Hay otra que dice "Servicios" Ahí vas a poner lo que corresponde y yo incluiría lo de telefonía. En el ejmplo serían $2,000. Hay otra que dice Deudas, lo de la TDC y préstamos va ahí. Eran $3,500 en el ejemplo. Supermercado, $2,000 ponlos en la caja. Gasolina, $800, también a su caja. Diezmo, $1,500 a su caja.

Tienes una caja que dice “invertir”. Puedes ahorrar esa cantidad por un año, así que vamos a poner $1,000 ahí. Tienes otra para vacaciones, igual vamos a ahorrar por un año, así que pon ahí $500. Para diversión, cine, salidas, gasta unos $600. Conocimiento y crecimiento, unos $500. Guarda $400 para cualquier imprevisto. Y aún te quedan $700 para gastar en lo que gustes o ahorrarlos.

¿700 se te hace poco? Puedes dejar un poco más, depende como hagas tu presupuesto. Claro que terminar con 700 de 15,000 es mejor que deber 700 a fin de mes. Recuerda que cada concepto va en una caja.

Eso de la caja es una mera metáfora. Yo antes lo armaba todo fajitas de dinero con un clip y una nota de papel para saber que era. Hoy puedes ponerlo en otras cuentas, en productos financieros o cargarlo a la tarjeta y que te cobren de tu cuenta. El asunto consiste en planear como lo vas a gastar antes de recibirlo y apartarlo todo. Esto disminuye al mínimo la posibilidad de sufri algun descalabro.

Podría hablar más, pero éste capítulo ya es muy largo, así que me voy a lo que sigue.

La libretita.

Recuerda cargar para todos lados esa pequeña libreta donde apuntarás todo lo que gastas. Hazlo sólo por tres meses, para empezar y evalua. Con ella sabrás en que estás gastando y que gastos son inncesarios.

Yo esto se lo aprendí a Darren Hardy, editor de la revista “Success” y la vedad me resistí mucho a usarla, pero de verdad me cambió la vida y mi forma de entender el dinero. Hazla parte de tu disciplina financiera.

Has corte cada noche.

Por la noche llegas con tu libreta de gastos a la casa y sumas todo lo que gastate ese día. Así tendrás una idea clara de cuanto dinero sale de ti al día. Y puedes ir deduciendo el dinero al día, de tus ingresos.

Por ejemplo digamos que eres empleado y esta semana tu salario fue de $5,000. El pirmer día de la semana, suponiendo que te hayan pagado el Viernes, sería ese mismo y gastaste $600 ese día.

Entonces:

Viernes 15 de Enero.

Ingreso $5,000.

Gastos (lista)

Cine: $100.

Comida $250.

Estacionamiento: $50

Medicinas niños $300

Gastos total $600.

5000 – 600 = 4400.

Lo que tienes de dinero el sábado en la noche es de $4,400 y con esa cantidad abres el domingo.

Recuerda hacer tu balance de gastos, diario, semanal y mensual. Todo debe cuadrar.

No cargues la tarjeta para todos lados.

Además del obvio tema de la inseguridad, cosas como el robo y la clonación, está también el hecho de que una TDC te da poder, un poder que a veces no puedes controlar.

Si andas con tus TDC para todos lados es más fácil que sucumbas a alguna tentación, que gastes más de tu presupuesto. Sobre todo si estás en una cita o sales de fiesta con tus amigos, seamos honestos. Hay personas que dicen “es sólo para emergencias” bueno, consigue una TDC con unos 200dls de línea de crédito, eso te saca del cualquier emergencia en lo que llegas a casa.

La regla es: si no tiene un propósito, no sale de casa. Así de simple. No te justifiques con un "¿y si...?" Recuerda que debes tener una disciplina con tu dinero y no actuar como un niño o niña con un berrinche, lo siento pero es la verdad.

Ya están empezando a utilizar tu celular para hacer pagos bancarios. Eso va a descontrolar a muchos. A fin de cuentas, creo que será muy bueno excepto para quienes no tienen disciplina financiera, para ellos puede ser algo muy inconveniente.

Cada centavo que gastes debe tener un propósito definido, incluso antes de salir de casa. No se trata de no consentirte ni darte tus antojos, se trata de cuidar tu dinero que tanto trabajo te costo ganar.

Vive por Trimestres.

¿Recuerdas que te mencioné que distribuyo para una empresa de mercadeo en red? Esta empresa es muy responsable con sus finanzas y cada trimestre reporta a sus accionistas, así mismo planean por trimestre y por año fiscal. A mí me resulto muy útil esto porque nunca había visto tan de cerca como lo hacía una transnacional. Y a nosotros, los distribuidores, también nos involucran en las metas por trimestre y por año fiscal.

Me parece algo muy emocionante y divertido que administres tu dinero como si fueras una gran corporación a nivel mundial. Así que vamos a planear nuestros ingresos y egresos por trimestre, y vamos a hacer una planeación anual, ¿te agrada? Seguro será divertido.

Me voy a ir muy simple. Cada año tiene cuatro trimestres, y para la mayoría de las personas en el hemisferio occidental empieza en Enero, sin embargo puedes hacer coincidir tu añor con el año fiscal de tu país, sobre todo si tienes algún negocio o empresa y claro que resulta sumamente útil para los distribuidores de Venta Directa o Mercadeo en Red. Pero por ejemplo, quedaría así:

Primer Cuatrimestre: Enero- Febrero- Marzo.

Ingreso Mensual Promedio: $15,000.

Ingreso semanal promedio: $3,750.

Gasto Fijo Prospectado Mensual: $9,800.

Gasto variable Promedio: $2,300.

Ahorro mensual Promedio: $,1000.

Inversión Promedio en crecimiento personal: $500.

Metales Personales:

- Ingresar a Gymnasio el 8 de Enero.
- Ahorrar $500 extra al mes para vacaciones de semana santa.
- Leer un libro al mes.
- Cena romántica con mi pareja el día se San Valentín $1,000.

Metas financieras:

- Disminuir el gasto hormiga un 30% respecto al útimo trimestre (para eso la libretita)
- Incrementar el ahorro para vacaciones en $500 pesos (va de la mano con la meta personal de las vacaciones).
- Reducir en un 5% las deudas en pasivos (pasar del 30 al 25%).

Si tienes un negocio tradicional o de mercadeo en red también tienes que promediar tus gastos e inversión promedio, tanto como para ti como para tu negocio.

Aquí hay algo importante que señalar en la cuestión. Tus ingresos y los ingresos de tu negocio son cosas muy diferentes.

Tu negocio te debe asignar un sueldo y las ganancias de tu negocio, después de gastos, impuestos y sueldos deben reinvertirse. Al asignarte un sueldo vas a ver por el futuro financiero de tu empresa. Por eso debes planer por trimestre para ti y para tu empresa.

No te comas sus ganancias.

En el negocio tradicional no hay un porcentaje fijo de cuánto debes asignarte de sueldo aunque si vas empezando probablemente debas asignarte el mínimo. Recueda debes dejar el suficiente dinero para reinvertir y crecer. Si tú das de comer a tu negocio después el negocio te dará de comer a ti. Todo esto debes tenerlo en cuenta en tu planeación trimestral.

En el mercadeo en red también se reinvierte. Afortunadamente la empresa para la que distribuyes ya hace la mayoría de los gastos que necesita un negocio tradicional así que es menos el porcentaje que necesitas para reinvertir, pero no puedes sentarte a esperar que las ganancias vengan sin reinvertir.

Planeación anual.

Si eres empleado debes indentificar los periodos del año en que gastas más, tus vavaciones, festividades, ocaciones especiales para ti y tu familia, así como ver en que trimestres encaja cada una de estás áreas. Esto sirve para tener un panorama más claro de qué harás y cómo lo harás en tu año. Básicamente es poner los cuatro trimestres juntos. Confía en tu creatividad y la EF te dará muchas herramientas necesarias.

Si eres emprendedor debes identificar las épocas del año con más y menos ventas, las formas mantener constante tu flujo de efectivo. También debes saber en qué vas a invertir, cuándo, cómo y dónde; probablemente buscar oportunidades con los proveedores. Así mismo las campañas de comunicación para mantener u obtener nuevos clientes. Haz tus planes claros y precisos por trimestre y en tu planeación anual todo será como ver una foto panorámica.

Recuerda hacerlo simple y divertido. El grado de complejidad irá creciendo conforme crezca tu negocio, es un asunto orgánico, aunque debes tratarlo con seriedad y profecionalismo desde el principio. Recuerda: Sin importar el tamaño nunca trates a tu negocio como un pequeño negocio.

Igual y ya me metí en más de lo que debía y me gustaría tener más tiempo y espacio para hablar de estos temas, pero para los propósitos de éste libro estoy seguro de que te estoy dando las herramientas adecuadas. Vaya, en verdad que es largo éste capítulo. Gracias por leerlo, ahora vamos a algo de suma importancia, la vida misma y como afecta a tu estabilidad financiera.

CAPÍTULO QUINCE: TENER MALA SALUD.

Mi Padre murio de Cáncer a la edad de 63 años. Fue un Linfoma no Hodgkin y se lo llevo en unos seis meses desde que lo descubrimos. Decidimos luchar con todo contra esa terrible enfermedad. Gracias a las contribuciones y apoyo de amigos y familiares pudimos darle a mi Padre no sólo el tratamiento que necesitaba sino aqyudarlo a vivir bien sus últimos meses de vida.

Descubrí dos cosas en estos tiempos. Primero, el cáncer es una enfermedad familiar, pues aunque sólo enferma uno afecta a todos los miembros de manera emocional, económica y física; realmente es un monstruo terrible.

Lo segundo es que sale muy caro enfermarse, aún contando con servicios de seguridad social. En verdad gasta uno una pequeña o gran fortuna. Afortunadamente mi Padre era muy querido en la comunidad y recibimos apoyos económicos de muchas personas que jamás nos pidieron un peso de vuelta, además de amigos y familiares que aportaron importantes sumas de dinero. De no haber contado con todas estas personas maravillosas estoy seguro que hubieramos perdido todo lo poco que teníamos y que nos hubieramos tenido que endedudar horrores. A todas esas personas, Gracias y Bendiciones infinitas.

Años después mi tía abuela, que era una abuela para mí, enfermó de pulmonía y estuvo un mes hospitalizada en terapía intensiva, en un hospital privado. Ella había sido empleada bancaria hace muchos años y contaba con un seguro médico que literal soportaba todo, de lo contrario hubieramos gastado una fortuna en todos los gastos hospitalarios. Mi tía por desgracia no pudo soportar y abandonó éste mundo en paz. Estoy agradecido de haber contado con dicho seguro y de haber tenido todas las armas posibles para luchar por su salud, de no haberlo tenido hubiéramos quedado severamente endeudados o imposibilitados de continuar.

Con más de diez años de experiencia en el sector salud, además de contar con muchos familiares y amigos médicos, te puedo decir con certeza que hay miles de casos así el día de hoy tan sólo en nuestro país. Las enfermedades crónico degenerativas y los accidentes causan verdaderos estragos en la finanzas de muchas familias en todo el mundo, además de que resultan en una causa importante de quiebra financiera tanto personal como de negocios.

He conocido muchas historias de personas que estaban teniendo mucho éxito hasta que enfermaron, después lo dejaron todo para cuidar su salud y lo perdieron todo. Pocos de los que sobrevivieron realmente se recuperaron. Si tienes un negocio propio o eres un profesional que ofrece sus servicios, esto puede llevarte a la banca rota en unos pocos meses.

No te confíes si eres empleado, aún hoy en día muchas empresas encuentran la forma de despedir a sus empleados o no renovarles el contrato si saben que tienen una enfermedad que limita sus funciones laborales. Da mucho coraje, pero sucede.

Hay dos bienes fundamentales en esta vida: La salud y el tiempo. Cuando estos se agotan en verdad se han ido para siempre.

De algo me he de morir...

Ojalá fuera tan sencillo.

Era típico decir cuando fumaba de más joven, "bueno, de algo me he morir" de hecho muchos lo dicen y no sólo los fumadores, los alcohólicos, los que no cuidan su alimentación.... Ya te das una idea, ¿no?

En tiempo de los abuelos y bisabuelos contaban con un gran lujo, quedarse dormidos un día y ya no despertar, esa era su forma de morir.

¿La forma de morir hoy? Pues vivimos mucho tiempo con enfermedades crónico degenerativas que ahora adquirimos más jóvenes y pademos por mucho tiempo antes de morir. Como lo dice el conocido Microbiólogo e Inmunólogo, Dr. Myron Wentz "Vivímos una vida muy corta y una muerte muy larga".

Si fumas no te vas a morir de la noche a la mañana por fumar. Pasarás unos 15 años con EPOC (Enfermedad Pulmonar Obstructiva Crónica) Probablemente desarrolles enfisema pulmonar o cáncer. Pasarás los últimos años de tu vida, que no será muy larga, con un tanque de oxígeno para todos lados; eso sin mencionar el cansancio, el dolor y la angustía.

Lo mismo sucede cuando abusas del alcohol, la comida y básicamente cuándo sometes a tu cuerpo a cualquier tipo de abusos.

¿Te digo la buena noticia? Estás muy a tiempo de hacer cambios positivos y favorables en tu vida, porque mientras hay vida hay esperanza.

La verdad es que soy un fanático de la vida. ¿Te das cuenta de lo rara que resulta la vida, ya no digamos en nuestra Galaxia, en el Universo? La vida en nuestro planeta es una completa anomalía cósmica. Y la vida humana, entre millones de especies en nuestro planeta ser los únicos auto conscientes de nuestra existencia y capaces de controlar la creación misma, es un auténtico milagro. Por eso, para mí, la vida humana es lo más valioso.

Lo que te puede costar.

Como comentaba al principio de éste capítulo, tu slaud te puede costar muchísimo dinero. Según publicó Forbes.com.mx basado en datos de Seguros Monterrey New York Life, en 2019 el traramiento para la Leucemia en México es de $875,000 pesos (unos $46,000 dólares), la hepatitis unos $468,000 pesos ($26,000 dls aprox) La diabétes $131,000 pesos y el cáncer de mamá $245,000 pesos. ¿Ya ves como no nomás te mueres de lo que te gusta y ya?

Se trata de que puedes perder todo lo que con tanto trabajo has construído. Se trata de que puedes generar deudas impagables para tu familia y de que vas a generar mucho estrés emocional que los va a destruir poco a poco.

Es cierto, no tenemos la vida por segura y en cualquier momento nos podemos morir. Pero si con pequeños cambios de vida podemos reducir dramáticamente la probabilidades de contraer una enfermedad crónico degenerativa y vivir más tiempo con una mejor calidad de vida, ¿no crees que vale la pena intentarlo?

Construye hábitos saludables.

Si bien tengo muchos conocimientos en salud, no soy ni médico ni nutriólogo, ni nada por el estilo, así que te voy a dar unos simples consejos muy sencillos que puedes respaldar con la ayuda de tu especialista en salud.

Recuerda también lo que hablamos de los hábitos antes. Bueno, hay que construir ciertos hábitos para ser más saludables.

<u>20 minutos de ejercicio al día.</u> Suena poco y lo es, pero si no sueles hacer ejercicio ésta es una buena forma de empezar. Comienza corriendo o haciendo ejercicio en casa, hay cientos de rutinas en internet y Youtube, algunas son muy buenas. Es cosa de que vayas investigando y te asesores. Dos consejos, el primero es: realiza un electrocardiograma y ve a consulta con tu médico para saber que estás en óptimas condiciones para hacerlo. El segundo es: Toma Magnesio, pues éste ayuda al corazón cuando hacemos ejercicio (flexibilidad del músculo cardíaco). No quiero que te vayas a infartar. Después podrás incrementar el tiempo y tipo de ejercicios, sólo no vayas de 0 a 100 en 3 segundos, no eres un Ferrari.

<u>Comer Sanamente</u>. No soy nutriólogo y seguramente deberás consultar a uno para que te elabore una dieta muy sana. Hay muchas vertientes hoy en día, así que busca uno que vaya de acuedo a tus creencias y tu estilo de vida. Mucha gente le tiene miedo a las dietas porque sienten que van a dejar todo aquello que les gusta. Creo que se trata más bien de hacer intercambios en vez de sacrificios, y de mantener un justo equilibrio alimenticio. Claro, también tendrás que agarrarle gusto a las frutas, las verduras y las

semillas. Simplmente no te hagas una idea pre concebida de todo esto. Por ejemplo, hace años que enfermé del hígado (graso) me desarrollé una dieta que en la semana era comer lo que yo consideraba sano y el fin de semana comer lo que yo quisiera (5 x 2 días) y la verdad me funcionó muy bien. Pero una vez más, consulta con tu médico o nutriólogo.

Usar suplmentos. Yo he conocido a muchas personas que me dicen "no necesito suplementos, yo obtengo los nutrientes que necesito de los alimentos" eso hubiera sido cierto hace 40 años, pero no hoy. Las frutas y los vegetales son cultivados verdes de suelos agotados, lo que disminuye su contenido de vitaminas y minerales, los dejan madurar en el almacenaje o el transporte con el uso del sol o productos químicos y pinturas ¿te has fijado como ya casi no hay frutas ni verduras de temporada? No estoy descubriendo el hilo negro ¿Y la carne? Muchas hormonas y esteroides en los animales, además de la enorme cantidad de grasa que tiene por estar hacinados en lugares muy pequeños y sin hacer ejercicio. Entoncés es más que necesario suplmentarse. No vayas por productos milagro, busca productos de empresas serias y certificadas que cuenten con los avales necesarios, como los organismos de salud de tu país. A mí me gusta que sean grado farmaceútico, porque eso garantiza su proceso de elaboración y los ingredientes, además de que los puede revisar y recetar tu médico o nutriólogo porque sabe lo que verdaderamente contiene.

Baja de Peso.

No se trata de cuestiones estéticas sino de salud. La obecidad y el sobre peso traen consigo muchos problemas de salud. Te menciono algunos: Dolor de espalda y articulaciones, diabétes, cardiopatías, hígado graso, insuficiencia renal, ¿Quieres más? No sólo disminuye tu expectativa de vida, también lo hace con tu calidad de vida. Claro, se requiere mucho valor y disciplina para bajar esos kilos de más, pero es mucho mejor a morir joven y con dolor. Debes asesorarte con tu médico y tu nutriólogo, ambos te ayudarán en diversas áreas para lograr una recuperación más integral. Así mismo te recomiendo que tengas amigos que te ayuden y te motiven durante el proceso, pues vas a tener que modificar muchos hábitos y creencias, algunos de los cuales vienen en tu familia mucho antes de que nacieras. Evita los productos "milagro" que te ofrecen bajarte de peso de la noche a la mañana o esa hierba milagrosa, pues pueden poner en riesgo tu salud. Si tu médico o nutriólogo no lo te pueden recomendar seguro no lo debes tomar.

Asegúrate.

Cierto, sé lo que estás pensando "los seguros de gastos médicos mayores son muy caros" ¿Viste lo que cuesta enfermarse? Dice Darren Hardy "las personas quieren comprar un seguro cuando ya es muy tarde para hacerlo" Sí, puede resultar algo costoso, pero es más barato a la larga que no hacerlo. Si cuentas con servicios públicos de salud adecuados, tal vez no debas preocuparte por esto, de lo contrario, infórmate, conoce y has un presupuesto.

Recuerda que invertir en salud es mucho más barato y cómodo que gastar en la enfermedad y yo te deseo muchos años de vida saluable.

SEGUNDA PARTE.

YA LA %$*&$#& AHORA ¿QUÉ HAGO?

Éste capítulo adicional está hecho para todas aquellas personas que desgraciadamente ya se encuentran en la quiebra financiera o están a punto de llegar ahí, sin embargo te sirve leerlo en caso de que algún día te pase o conozcas a alguien a quién puedas ayudar con ésta información.

Todo esto viene de mi experiencia propia, obtenida después de mi segunda quiebra, todo lo que investigué, consulté, experimenté y vi que podía ser util. Así que voy a guiarte por todo el proceso con unos mini capítulos enfocados a un tema en específico. Todo esto debe ayudarte a salir de la quiebra financiera, sin embargo, recuerda que dependes de tu creatividad, de conocer tu situación particular y de poner mucho trabajo y empeño, pues no va a ser nada fácil. Es como darte útiles herramientas, pero tú debes hacer las reparaciones.

Yo ya estuve en tus zapatos, tanto por las experiencias vivídas en mi familia como en la mías personales. Sé como se siente y sé las cosas que pasan por la cabeza, así que espero que la información aquí vertida pueda serte útil y sacarte del hoyo en el que tú te metiste.

Eso es lo primero y lo principal, tener la madurez de admitir que te equivocaste, que todo esto es responsabilidad tuya. Debes recobrar el control y el poder para salir adelante, eso viene de tener una actitud consciente ante la situación. Así que vamos.

Calma, respira...

No recuerdo exactamente que mes fue, pero me dí cuenta que no iba a poder pagar mis tarjetas y que no me estaba entrando suficiente dinero. Me sentí muy mal, básicamente me acurruqué en mi cama y me puse a llorar solo. Estaba devastado y derrotado. Lo peor es que pensaba en las peores consecuencias de todo esto, lo cuál es un gran error.

Sí, esto se puede poner serio, pero no por eso es el fin del mundo. Así que necesito que respires hondo y te calmes, vas a encontrar una solución a todo esto, pero no le sirves a nadie si te desmoronas o si sales corriendo dominado por el pánico.

No es el fin del mundo y mientras haya vida hay esperanza, pero va a ser muy difícil ver con lágrimas en tus ojos. Personas menos capaces e inteligentes que tú han salido de situaciones peores que la tuya.

Pienso en una sala de emergencias. Recuerdo cuando nos llegaban accidentados cuya salud pendía de un hilo y hay mucha adrenalina fluyendo en el ambiente, así que debes actuar con mucha rapidez y certeza pero sin entrar en pánico, con la cabeza fría, pensando muy bien en tu siguiente moviemiento y al mismo tiempo confiando en tus conocimientos y tu entrenamiento.

Si tienes pánico los pacientes mueren, así que debes permanecer en control de tus sentidos, tu mente y tu cuerpo. ¿Te imaginas a un médico de urgencias gritando por los pasillos "¡oh no! ¡¡¡No sé que podemos hacer, toda esta gente va a morir!!!!" Sin importar lo desesperado de la situación mantén una actitud de sala de urgencias.

Serenidad aún en la lúgubre tormenta. Sé que es más fácil decirlo que hacerlo, pero quiero que seas plenamente consciente de que EL PÁNICO Y LAS LÁGRIMAS NO TE SIRVEN DE NADA Y SÓLO TE HUNDEN MÁS.

Tienes un día...

Sí, un día para sentirte miserable, para reprocharte por lo estúpido de tus acciones, para llorar, para pedirte perdón. A fin de cuentas eres un ser humano y hay que aflojar algo de esa tensión emocional. Yo te recomiendo que busques a alguien con quien puedas llorar a tus anchas, sin juicios ni reproches, sólo que te abrace para llorar.

Sácalo todo con tus lágrimas. Esto me hubiera resultado muy útil, pero mi ego me decía que nadie podía saber lo que me había pasado, así que lo callé como por tres meses. En ese tiempo desarrollé problemas de salud como dermatitis en las manos, ácides estomcal y me temblaba mi ojo derecho.

Lo mejor que puedes hacer es llorar y admitir tu fracaso, no lo ocultes pues sólo te dañarás más y tu cuerpo también lo va a resentir.

Aprovecha, pues después no tendrás tiempo de llorar ni lamentarte.

¿Está bien sentirte así?

Pues yo me sentía el fracaso más grande del mundo. Me había defraudado y a mi madre y mi familia. Deshonré la memoria de mi padre y fallé a todos mis conocimientos y mis creencias. Fui el estúpido más grande del mundo. Eso pensaba y estaba equivocado.

Eres simple y llanamente un ser humano. No eres Superman y nadie espera que seas a prueba de balas. No eres el magnate de Wall Street ni el gurú de las finanzas…¡y aún ellos fallan! Así que deja de magnificar tus fracasos.

Fallaste, punto y se acabó. Está bien sentir triste, sentir mal, deprimirte, llorar, maldecir y gritar… pero no magnifiques tu fracaso, ni te sientas indigno por sentirte mal.

Quiero que mires al espejo y te digas “Me perdono”. Suena un poco raro, pero hazlo. “Me perdono” mientras te miras al espejo y luego entrelaza tus barzos en tu pecho y abrázate muy fuerte. Necesitas tu perdón por encima de todas las cosas y antes de avanzar. Yo pasé meses sin perdonarme y eso me dañó bastante, así que quiero que sea lo primero que hagas.

Ninguna cantidad de dinero vale tu vida.

Lo admito, pensé en suicidarme y no se lo dije a nadie por la misma pena que sentía, ese ego maldito me tenía encerrado en mí mismo.

No lo pensé una vez sino muchas, la mayoría de ellas después de alguna llamada de cobranza. A esas personas les digo, "Fijénse en lo que dicen, sean responsables de sus palabras, pues en ellas van las vidas de las personas". Yo sé que hacen su trabajo, pero hay dos formas de hacer las cosas: Primera, con ética y amor; Segunda: las demás.

Total que pensé en quitarme la vida y probablemente tú también lo pienses. Lo peor y lo más triste es que hay personas que lo hacen. Entiendo, te sientes atrapado, sin salida, sin futuro y sin solución. Lo sé, yo estuve ahí y así.

Te lo voy a poner bien claro: No importa que tan grande sea el agujero que cabaste o que tan gigante tu deuda, mientras tengas vida tienes esperanzas. Ninguna, lee bien, NINGUNA CANTIDAD DE DINERO VALE UNA VIDA HUMANA. No sabes como deseo que como humanidad entendamos eso, pero por lo pronto grábalo bien en tu cabeza y tu corazón.

NINGUNA CANTIDAD DE DINERO VALE UNA VIDA HUMANA.

Por favor, si llegas al punto de considerar el quitarte la vida acude a alguien, de preferencia un profesional como un psicólogo o psiquiatra. No significa que te hayas vuelto loco sino que tienes un dolor que necesita atender un profesional. Hay muchas opciones de ayda grautita. No pases por esto en soledad, no lo necesitas y no lo mereces. Yo sin mi familia no hubiera salido adelante.

Quitarse la vida no es una opción, aparentemente quitará el dolor, pero no sabemos todo el dolor que dejaremos aquí, ni tenemos certeza de lo que habrá más allá, sólo contamos con lo que tenemos aquí y ahora, la certeza de ésta vida maravillosa. No quiero que le des el gusto a nadie de saber que te vencieron por dinero. Recuerda:

NINGUNA CANTIDAD DE DINERO VALE UNA VIDA HUMANA, Y MENOS LA TUYA.

Perdiste una batalla...

Pero no has perdido la guerra y aún quedan muchas batallas más. Recuerdo que los Británicos perdieron muchas batallas contra los Nazis antes de poder ganarles una, pero una vez que lo hicieron todo fue cuesta arriba, a tal punto que les ganaron en la Segunda Guerra Mundial.

Esa analogía militar es muy interesante. Una vez que un ejercito se sabe derrotado en batalla se retiran a una posición que puedan defender. Desde ahí se reagrupan, se organizan y se preparan para el contra ataque.

Tal vez tú debas hacer lo mismo, replegarte a una posición que puedas defender mejor. Ya veremos como.

No le temas a la cobranza.

En mi experiencia particular, la cobranza de los bancos es bastante aceptable, pero la de las agencias de cobranza suele ser bastante cuestionable desde la ética.

Hasta hace pocos años la cobranza está regulada en México, pero antes recuerdo que llamaban hasta de madrugada, eran unos desgraciados que te intimidaban y te amenazaban para que les pagaras. La situación ha cambiado, pero operan aún sobre la misma base: El miedo.

Sí te van a meter mucho miedo, te van a amenazar con cárcel con embargos, te van a llenar de temor, esa es su arma. En una analogía de Star Wars, son el lado oscuro de la Fuerza.

Yo entiendo, el banco quiere su dinero y tú le quieres pagar al banco, ¿qué persona decente no lo desearía?Lo que sucede que es tú tienes una incapacidad temporal de pago, que es lo que ha alborotado toda esta situación.

No le tengas miedo a la cobranza. Sí te van a hacer sentir muy mal, pero recuerda que operan para tengas miedo y les pagues, porque piensan que no quieres pagar, no que no puedes. Y de verdad, a menos que sepan como sacar agua de las rocas, van a tener que esperar. De momento no te dejes amedrentar y recuerda que todo esto va a llevar un proceso que no sucede de la noche a la mañana. Respira y recuerda que tú estás a cargo.

Recuerdo que alguien dijo alguna vez: *Si tú le debes mil dólares al banco, tú tienes un problema. Si tú le debes cien mil dólares al banco, el banco es el que tiene un problema.* Pareciera que ellos tienen la sartén por el mango, pero eres tú quién tiene el control de la situación, después de todo es tu dinero el que quieren.

Conoce la regulación en tu país.

Las leyes cambian mucho de país a país. Ya que sabes que estás en quiebra, debes asesorarte con un contador y un abogado sobre tu condición. Tienes que saber que pueden hacer en tu contra y como puedes manejarlo. Recuerda que es tu intención pagar, pero no podrás hacerlo si te atan de pies y manos.

Tienes que saber bien que va a pasar, cómo y cuándo. Analiza también el peor de los escenarios posibles. Debes prepararte para todo.

Siéntate con tu asesor y explora hasta la última de tus dudas. Si es un amigo o familiar mucho mejor, podría hacerte un descuento o incluso dejar el pago pendiente. Sí es muy importante, porque toda la información recabada te va a servir para hacer tu plan de recuperación. Recuerda que debes tomar muchas notas.

Haz un plan.

¿Qué es lo peor que podría pasar? Es la pregunta que debes hacer a tus asesores y evitar llegar a ese punto.

Como un buen general, antes de la batalla debes conocer el campo y a tus adversarios igual que tus aliados y tus fuerzas. De hecho puedes utilizar una herramienta de administración que se llama Análisis FODA, pero en vez de enfocarlo a una situación de mercado, usarlo para tu deuda.

Fortalezas: Conocimientos, hábilidades, activos, marco legal.

Oportunidades: Opciones de pago o capitalización, negociación.

Debiliades: Falta de recursos o apoyos, situación profesional laboral.

Amenazas: Marco legal, cobranzas, situaciones imprevistas.

Negociar.

Antes de "irnos a las trincheras" debes platicar con el banco o la institución o persona a la que le debes, y ver si hay forma de re negociar tu deduda. En la mayoría de los casos la respuesta será sí, pues prefieren tener tu dinero, aunque tardes más en pagarles a no tener nada. Debes estar consciente de que esto seguro va a llevar más intereses en pagos más péqueños. Analiza bien tu capacidad de pago y medita bien si en verdad te conviene lo que te ofrecen.

¿Qué no te convendría? Un esquema de pagos en el que básicamente todo lo que ganes sea para pagarle al banco. En ese caso serías un esclavo y la esclavitud está prohibida por la ley.

Todo esto queda a tu criterio. Sólo no decidas de la misma manera que llevó a ésta situación.

Si hay una demanda en un tribunal y el asunto va a pasar a un juicio, debes evitar en la medida de lo posible llegar a esas instancias, pero si sucede analiza todo con tu abogado y examinen los pros y los contras de la situación. Incluso un juicio toma tiempo, recursos y no necesariamente el juez fallará a favor del banco.

No te enfoques en pagar la deuda.

Ese fue mi gran error. Me concentré demasiado en pagar lo que debía cada mes y lo logré... tres meses. No puede evitar lo inevitable, no iba a poder.

Lo que debí haber hecho era enfocarme en tener viabilidad financiera.

En mi caso, cuando contraje mis dedudas era porque había un buen flujo de dinero que me permitía pagarlas y aún así tener el suficiente capital para ocuparme de mis demás obligaciones, esto significa que mis deudas debieron ser de un 30% de mi ingreso.

Una serie de situaciones sucedieron que cortaron mi flujo de efectivo, eso me llevo a una incapacidad de pagar mis obligaciones financieras. Mi enfoque fue pagar las deudas en vez de resolver las situaciones que me habían llevado a eso.

Cuando te enfocas en algo tu mente esta utiliza todos sus recursos en ello. Yo estaba tan enfocado en pagar que no podía pensar en como resolver mi flujo de efectivo. Viendo en retrospectiva, puede haber detenido mis pagos unos tres o seis meses y enfocarme totalmente en recuperar mis ingresos, incluso incrementarlos, lo que pudo haber convertido mi crisis en un pequeño bache financiero. Al final es probable que me hubiera recuperado y pagado mi dedudas.

En vez de pensar en un ¿cómo salgo de esto? Piensa ¿cómo recupero mis ingresos o los incremento? ¿cómo recupero o aumento mi flujo de efectivo?

Enfócate en ser solvente.

¿Qué paso que te cortó tu flujo de efectivo?

Si eres empleado, ¿te despideron? ¿alguna situación familiar o personal?

Si eres emprededor, ¿quebró tu empresa? ¿Cambiaron las condiciones del mercado? ¿algún competidor?

Tienes que saber en qué punto, en qué momento y debido a que situación pasó lo que pasó. Una vez que lo identifiques podrás ver que hiciste de manera incorrecta, y tal vez encuentres la solución ahí.

Algo que me impidió recuperarme fue la depresión, así que también debes buscar ayuda ahí si identificas ese problema.

Todos tus esfuerzos deben estar en recuperar esa solvencia financiera que perdiste, o incluso tener una situación económica mejor a la anterior a ésta crisis. Se honesto contigo y ve en que te equivocaste y que puedes hacer mejor.

Recuerda no se trata de pagar la deuda, que la pagarás, se trata de recuperar tu grandeza previa e incluso superarla. Si ya llegaste ahí una vez, significa que puedes volver a hacerlo.

Probablemente esto también es una oportunidad disfrazada para lograr más de lo que nunca has logrado, de tener una vida mejor a la que nunca antes has tenido. Muchas veces estamos tan cómodos que la vida nos da una fuerte sacudida para sacarnos del letargo y empujarnos a algo mejor, algo que hemos estado pidiendo. Tal vez ese sea tu caso, ¿lo habías pensado?

Ponte creativo.

Mi Maestro, Raimon Samsó, dice que *los problemas de dinero no se resuelven con dinero sino con creatividad.* Así que sin importar si eres empleado o emprendedor, vas a tener que ponerte muy creativo para salir de esta.

Consejos creativos rápidos:

- Si perdiste tu empleo, *ve con un competidor* de tu antigua empresa para ofrecerles tus servicios y pide un salario mayor.
- *Si conoces a alguien que venda su auto o su casa,* dile que te deje hacerlo a ti a cambio de una comisión, eso te puede dar una buena inyección de capital sin invertir ni un peso.
- *Ofrece tus servicios profesionales.* Si eres contador, abogado o tienes cualquier profesión que pueda dar consultoria, seguro es momento de ofrecer tus servicios para ayudar a las personas a cambio de un justo pago... y puedes hacerlo en tus tiempos libres.
- *Compra y vende.* Si encuentras algo que puedas comprar

barato y vender a precio más bajo del mercado a tus amigos y familiares, eso puede ser una buena opción, la invesión seguro sería baja y tal vez encuentres a alguien cercano que te financie tus primeras compras, incluso pudes probar en grupos de venta en redes sociales y algunos mercados de artesanos.

- *Conecta.* Conecta a profesionales, prestadores de servicios y vendedores de productos con personas que necesitan lo que ellos tienen como si fueras un tipo representante y cobra una comisión por ello.
- *Adquiere una distribución.* Distribuir con una empresa de mercadeo en red requiere una inversión muy baja y puede generar ingresos interesantes en períodos relativamente cortos de tiempo, además de incluir capacitación en negocios. Al final del libro pondré un apéndice de cómo elegir a una buena empresa de mercadeo en red.

Cualquiera de estás opciones, que no son las únicas, requieren de dos cosas:

1. Tu creatuvidad. Tú tienes que ver como lo haces y adaptar esto a tu situación personal a tu país y tus posibilidades. Entre más creativo te pongas mejor, pero no y repito no te la pases nada más pensando. Piensa un plan y ponlo en acción, aunque fracases, necesitas moverte.
2. Tienes que trabajar. Vas a tener que esforzarte más que nunca, invertir mucho tiempo, energía y aprender algunas cosas nuevas. No va a ser fácil , va a doler y valdrá la pena. Recuerda que estás en una situación extraordinaria, pero nada sucede sin trabajo duro, no hay dinero fácil.

¿Y si reconstruyes más grande?

Me quedó el sabor amargo de la derrota inundando mi boca. La verdad es que no me endeudé por tanto dinero, aunque sí por más del que podía pagar. La verdad es un poco triste que te vayas a la bancarrota por una cantidad que otros podrían pagar abriendo su billetera o su cuenta de banco, de tal forma que me dije "no sólo quiero recuperarme, quiero más de lo que antes logré, mucho más".

La verdad es que cuándo pasó todo esto yo no estaba trabajando como debería, no me esforzaba lo suficiente y no ocupaba mi tiempo de manera productiva, el ego me había hecho auto complaciente y confiado, de tal forma que el fracaso no sólo era inminente sino necesario.

Digo necesario porque tenía que moverme desesperadamente de donde estaba, no podía conformarme con un éxito tan paupérrimo, no era lo que yo realmente buscaba.

Me considero un hombre espiritual y creo firmemente que todo en éste Universo obedece a una causa que va más allá de lo visible, así que supongo que mi mente movió a mi cuerpo que permanecía inmovil y me puso en una situación incómoda para ayudarme a salir de ese conformismo en el que me encontraba.

Esto puede ser una oportunidad.

Dicen que es difícil reconocer a la oportunidad porque a menudo viene disfrazada de trabajo duro. No lo entiendas como "¡yei! ¡Que felicidad que perdí todo mi dinero!" Porque no se trata de eso, más bien es un asunto de que toda ésta situación me hizo más sabio, más creativo, me dio herramientas para aprovechar mis recursos al máximo al mismo tiempo que incrementó mi confianza interna y mis convicciones. Si no hubiera fracasado jamás hubiera escrito éste libro y vaya que lo amo, por todas las personas a las que puede ayudar.

Así que, ya que fracasaste y estás en la bancarrota ¿por qué no te das un momento para meditar?

Si lograste llegar hasta donde estabas antes de caer ¿era eso todo lo que podías lograr? ¿ero eso lo más grande que podías alcanzar, o puedes llegar más lejos?

¿Qué puedes sacar de favorable de todo esto? ¿Qué puedes aprender?

¿Por qué crees que esta situación es más grande que tú? Esa última es bien importante, yo sentía que mi quiebra financiera era más grande que yo y eso era totalmente un error. Parecía más grande de momento, pero yo podía crecer mucho más.

Eso me recuerda un chiste. Estaba un empresario rezando a la Virgen de Guadalupe en la basílica para pedirle que le ayudará a rescatar a su empresa, cuando escucha a un tipo rezando detrás de él y en voz alta.

--Por favor Virgencita, por favor ayúdame, por favor...--decía el tipo, mientras el empresario volteaba a verlo.

--Oye tú, ¿Qué tanto le pides a la Virgen?

--Le estoy pidiendo mil pesos que necesito—el empresario saca su billetera, la abre y le da al tipo incrédulo esos mil pesos en billetes.

--Toma tu dinero y ya no me distraigas más a la Virgen—dice el empresario mientras el tipo se retira agradeciendo hasta el cansansio—ahora si Virgencita, ya que no nos interrumpen, envíame un millón de pesos, por favor, por favor.

Bueno yo me reí mucho cuando me lo contaron, pero ilustra un punto. Hay problemas que puede parecer más grandes que tú, pero no son invencibles, sólo necesitas crecer y llegar a un nivel má alto que tus problemas. Claro que eso duele, por eso es mejor crecer antes de los problemas, pero es complemantente posible.

Tal vez, si tú lo decides, éste puede ser el momento de tu vida que te catapultó a la grandeza que deseabas.

Aunque lo pierdas todo..

No te pierdasa ti mismo.

No sé que tan grande sea tu deuda ni que tan complicada tu situación, pero hay personas que en verdad lo pueden perder todo, su casa, su auto, su empresa, incluso pueden ir a la cárcel por sus deudas financieras. Eso es un asunto bastante serio y no quiero endulzarte la situación, puede ser muy complicado salir de todo esto, pero no es imposible.

Sin embargo no te pierdas a ti mismo, no te hundas en ésta situación, sin importar que tan difícil sea o cuanto tiempo te tome recuperarte. No pierdas tu ánimo ni tu sonrisa, no te vuelvas un ser oscuro ni amargado, el dinero y los bienes materiales pueden ir y venir, pero tu alma y tu mente debes conservarlos intactos, no permitas que nada de esto que sucede te convierta en una persona que no quieres ser, que no debes ser.

Tampoco pierdas a tu familia por estos problemas, al contrario, acércate más a ellos, unan sus fuerzas y su amor, platiquen la situación, hagan planes juntos e involucrense en su espiritualidad.

Hay personas que pasan por situaciones así y se divorcian, se pelean con sus hijos, se alejan de sus seres queridos, eso es muy triste y el objetivo de éste libro es ayudar a evitar que cosas así sucedan. No permitas que algo así te pase, no te aisles del mundo que te ama y te quiere ver bien. Te equivocaste y no sientas vergüenza por ello, hasta a los más grandes e inteligentes les pasa, a muchos de los millonarios les ha sucedido.

Acércate a tu Fe, eso también te dará fuerzas y te ayudará a recordar quién eres en realidad.

Todo lo material es reemplazable, sin importar cuanto tiempo tarde ni lo difícil que sea, si lo lograste una vez puedes hacerlo de nuevo.

También se vale ir al piscólogo.

En estos momentos se vale pedir ayuda de profesionales como contadores y abogados, un psicólogo o psiquiatra también puede ayudarte en estos casos de depresión y ansiedad... vas a tener muchos de esos. Tan sólo el hecho de que alguien externo a tu vida pueda escucharte ayuda mucho. Una vez más, no tengas vergüenza, esto de la quiebra financiera es más común de lo que crees y a todos nos puede pasar.

Vas a salir de esto.

Ten paciencia, actúa de manera inteligente. Recuerda lo que hablamos de la sala de urgencia. Sé que vas a necesitar trabajar duro, enfocarte y crecer, pero todo eso lo puedes hacer.

Mientras hay vida hay esperanza y tú tienes el poder de transformar tu vida como lo has hecho antes, esto no es una sentencia condenatoria de muerte, es sólo una caída y el fracasar no te convierte en fracasado.

Recuerdo esa anécdota que cuentan mucho, dicen que Edison había hecho más de mi intentos de hacer una bombilla incandescente que funcionará. Cuándo un reportero le preguntó "¿Qué se siente haber fracasado mil veces?" el buen Edison respondió "no fracasé, descubrí exitosamente mil maneras en las que no funcionaba". Esto también puede ser un gran proceso de conocimiento y crecimiento, como sucedió en mi caso.

Pero no hagas nada estúpido.

La desesperación y la ansiedad te pueden hacer pensar en opciones estúpidas. Yo por un momento tuve la intención de pedir dinero prestado a personas de dudosa procedencia, eso hubiera sido como dispararme con una escopeta en el pie mientras peleo contra una manada de leones.

No hagas nada que sea ilegal, que vaya en contra de tus convicciones morales o éticas, que arriesgue tu seguridad o la de tu familia, para salir de ésta situación. Esas no son salidas, son cosas que van a empeorar una situación que ya es complicada, de hecho esas cosas sí pueden hundirte por completo y evitar que te recuperes.

Actúa basado en tu buen juicio, en tus valores y en tu educación. Recuerda que el dinero viene y va, pero la salud, la vida y la libertad no lo hacen. Lo reitero, no hagas nada estúpido para salir de la situación en la que te encuentras.

Crece.

Es en estos momentos en que debes convertirte en una mejor versión de ti, pues de nada sirven todas las estrategias si sigues en el mismo nivel de persona que eras anteriormente, ese mismo nivel que te llevó a la crisis donde estás ahora.

- *Lee 30 minutos al día de libros sobre EF*, como mínimo. También usa lecturas que vayan encaminadas al crecimiento personal y espiritual. Esto te dará mucho poder.
- *Has ejercicio.* Eso te ayudará a controlar el estrés y la ansiedad, así como tendrá a tu cuerpo en condiciones óptimas para la pelea que tienes en frente.
- *Medita.* 20 minutos de meditación al día hacen maravillas en ti y te ayudan a ver con más claridad lo que pasa a tu alrededor, igual ayuda a encontrar mejores respuestas a tus preguntas.
- Visualiza. Dedica unos minutos al día a visualizar lo que vas a hacer, visualiza como vas a salir de ésta situación. Esto está comprobado que funciona.
- *Relaciónate.* Busca personas que tiene un nivel económico más alto que el tuyo. Eso te ayuda en dos formas, la primera es que haces contactos con personas que pueden ayudarte a salir de tu situación y la segunda es que obtienes una perspectiva más amplía del dinero.
- *Aprende a vender.* Las ventas son un arma poderosa que te ayudará a salir de ésta situación. De hecho no puedo pensar en una persona que sepa vender bien y que no salga adelante con sus finanzas. Todos nosotros vendemos todos los días, vendes tu tiempo, tu imagen, productos, servicios, estamos vendiendo siempre. Aprende de profesionales a hacerlo bien.
- *Asiste a seminarios*, conferencias, talleres. De ventas, de negocios, de crecimiento personal, de liderazgo. Eso te va a dar dos cosas importantes, motivación y con-

ocimiento. Sólo recueda aplicar de inmediato lo que aprendes.

- Contribuye. Adyuda a personas que se encuentran en situaciones más compliacadas que la tuya y no necesariamente con dinero, sino con servicio, recomendaciones de trabajo, o simplemente consejos de algo en lo que seas experto. A veces simplemente con escuchar a las personas les ayudas mucho.
- Si quieres consejos sobre como tener una rutina de éxito por las mañanas y ayudarte a mejorar tus hábitos, consigue mi libro **Pelea por tu Felicidad Libro III: Hábitos.**

Recuerdo las palabras de Winston Churchill, primer ministro de la Gran Bretaña durante la Segunda Guerra Mundial. Años después de terminada la guerra le invitaron a dar un discurso de graduación en una universidad.

Ahí tienes de pie en el podio al hombre que resistió a los nazis, que mantuvo su país a flote durante los años oscuros y lo mantuvo unido. A pesar de la oposición, de las voces en contra, él persevero por un esfuezo bélico, pues sabía que el alma de su nación y del mundo iba en ello.

Sin la fuerza y la resistencia de Churchill y el pueblo británico, el mundo en el que vivimos hoy sería muy diferente y no sería nada bueno, tenlo por seguro. Éste hombre resistió a la una tiranía que se consideraba invencible.

Años después, frente a todos esos jóvenes que se graduaban, dio su discurso inmortal.

--Nunca se rindan. Nunca se rindan. ¡NUNCA SE RINDAN!

Bajó del podio entre llantos y aplausos.

Hoy yo te digo:

Nunca te rindas.

Nunca te rindas.

¡NUNCA TE RINDAS!

Gracias.

Abnerius.

APÉNDICE.

Te dije que te daría unas claves para escoger una compañía de mercadeo en red. Y aquí el porqué.

Si bien ésta industria es la más noble y una tendencia del siglo XXI, también es cierto que hay muchas empresas deshonestas, con malos productos o que van a durar muy poco.

Desde luego no puedes arriesgarte a estar con una empresa deshonesta o trabajar muy duro para que en un año ésta ya no exista. La mayoría de las personas que tienen una opinión negativa del mercadeo en red es porque estuvieron o conocen a alguien que estuvo en una empresa que no era buena.

Esto es toda una fuerza imparable, hay unos de 100 millones de personas en el mundo haciendo Mercadeo en Red, que facturó 192, 949 millones de dólares a nivel mundial en 2018 (datos de la WFDSA –World Federation of Direct Selling Asociation). Es una opción que democratiza la riqueza, pues por cualquier persona puede tener éxito aquí, aunque no es para todas las personas.

Pasemos a los consejos de cómo escoger una empresa de Mercadeo en Red. He llegado a esto en todos mis años de experiencia con la industria y debido a ésta experiencia, esto sería lo que yo buscaría en para asociarme con una empresa, lo cuál no significa que una que no tenga alguna de estas carácterísticas sea mala, simplemente no es algo que yo en lo personal recomendaría.

1. *Que tenga más de 10 años*. Cada año hay cientos de empresas nuevas entrando al país, la gran mayoría no llega ni a los tres años de vida y de las que sobreviven, no alcanzan los diez años. Una empresa con ésta longevidad ha demostrado ser sólida y es una buena opción para las personas que buscan un verdadero proyecto de vida.

Por cierto, es un mito eso de que sólo los que entran al principio ganan bien, eso será cierto para los esquemas Ponzi, pero no para una empresa real, pues tu éxito depende de tu trabajo.

2. *Que tenga el mejor producto.* Pues tú no quieres competir con similares, quieres tener la ventaja competitiva de tener el mejor producto del mercado para ofrecer. Claro, todos te van a decir que tienen el mejor producto pero solo unos pocos pueden demostrarlo, así que investiga y pregunta. Recuerda que los hechos hablan más que las palabras.
3. *Que tenga avales.* Como dije, todo mundo te va a decir que su producto es el mejor, pero ¿cómo lo comprueban? Yo creo que a través de los avales, que son referencias de terceros no relacionados con esa empresa, que te dicen que ese producto es el mejor. Entre más sean los avales y más diversos mejor aún.
4. *Que tenga un producto único.* Que se diferencie de los demás por su tecnología, composición, o las ventajas que ofrece. No quieres competir con iguales, quieres vender lo que de los demás no tienen y no pueden ofrecer, esto es una Ventaja Competitiva. El tener una patente ayuda mucho en esto.
5. *Que tenga oficinas en tu país.* Y que pague impuestos. Esto habla de la legalidad de la empresa. Imagina, ¿a quién vas a reclamar si algo sale mal (y saldrá mal) si la empresa está en otro país? De hecho deberías poder visitar su corporativo y ver si todo lo que hablan es cierto.
6. *Que tenga liderazgo.* En una empresa seria las personas se quedan por años ya que tienen un negocio sólido que les da a ganar buen dinero. Pero, ¿sabías que hay empresas que le pagan a líderes reconocidos de otras empresas para que distribuyan en la suya? Es verdad y les pagan muy bien. Se piratean a los líderes de otras para parecer que son buenas ¿Qué te dice esto de la ética? A esos líderes que cambian de empresa por dinero se les dice

"chapulines". Los verdaderos líderes de una buena empresa se quedan ahí y la hacen crecer. Investiga eso y no te vayas con la onda de "fulanito ya ha estado en muchas y en esta es en la que más gana...".

7. *Que tenga un buen plan de compesación.* Claro, no te vas a romper la espalda trabajando por migajas. Debes estudiar bien el plan de compensación y ver cuanto te van a pagar, entender como se hace el dinero. Si nadie te lo puede explicar a manera de que lo entiendas, entoncés no deberías estar ahí. Una empresa buena distribuye algo así como la mitad de sus ganancias entre sus distribuidores, todo esto en comisiones, incentivos y premios.
8. *Que sea una empresa pública.* Vaya esto es muy importante desde mi perspectiva. Una empresa que cotiza en la bolsa de valores debe ser completamente honesta en cuánto a la información que publica tanto de sus ganancias y estados financieros, como de sus productos o servicios; de no hacerlo podría ser acusada de fraude a los accionistas y cerrar o enfrentar multas. Hay empresas muy buenas que no son públicas, pero para mí es un sello de seguridad el que lo sean.
9. *Que sean miembros* de la AMVD (Asociación Mexicana de la Venta Directa) o la DSA (Direct Selling Asociation) o de alguna afilidad a la WFDSA (World Federation of Direct Selling Asociation). Esto es porque estas asociaciones tienen un código de ética implícito para ser miembros, de tal forma que es una prueba más de la legalidad de la empresa. Básicamente cada país tiene una de estás cámaras o asociaciones, investiga la de tu país en: https://wfdsa.org/dsa-membership-by-country/
10. *Que te guste.* Que sea una organización o un producto que te agrada y que te sientas bien al promoverlo. Por ejemplo, sé que hay una empresa de mercadeo en california que vende marihuana; yo no me sentiría cómodo ha-

ciendo una red que vende sustancias psicotrópicas, así que jamás haría algo semejante. Va de tus gustos y tus valores. Pero si no te sientes bien al promoverlo no vas a a hacer dinero.

11. *Que tenga un sistema de capacitación.* Lo importante de una empresa de mercadeo en red es que debe convertirte en un empresario independiente. Considerando que la mayoría venimos del mundo del empleo, tenemos que cambiar nuestra programación para tener éxito en esto. Lo vamos a lograr con un buen sistema de capacitación por parte de la empresa, un sistema integral de convenciones, seminarios, audios, vídeos, etc. Si la capacitación no es buena, no habrá crecimiento personal y tampoco desarrollo de negocio.
12. *Que tenga Tecnología.* Una buena empresa tendrá una plataforma tecnológica para asuntos de distribución, inscripciones, capacitaciones, información, esto también se aplica a la fabricación de sus productos, investigación y desarrollo. El que te de una página web personal es mucho mejor. Además deben tener un buen manejo de sus redes sociales. Es imposible estar en el siglo XXI y hacer las cosas como en el siglo XX.

Recuerda que lo que tú haces para la empresa es promover y distribuir el producto, ellos se encargan de la producción, investigación, marketing, importación, almacenamiento, inventarios, capacitación y los aspectos legales. Ninguna empresa seria te pedirá jamás que hagas algo deshonesto o "gris".

Éxito.

EPÍLOGO.

Gracias por haber comprado éste libro y por leerlo. Espero que todo lo que comprartí contigo te sirva de mucho en tu camino. También espero que te ahorre mucho dinero y problemas.

Disfruté mucho escribir éste libro y voy a disfrutar más si algún día me compartes como te ayudó. Próximamente también habrá un webinar con estos temas ampliados, de eso avisaré en mis redes sociales.

Por lo pronto bendigo tu camino, te envío luz y buenos deseos. Una vez más Gracias por todo.

Con cariño: Abnerius.

Te invito a seguirme en mis redes sociales.

https://www.facebook.com/Abnerius/ Aquí también encontrarás la liga a mi página web dónde puedes adquirir los suplmentos que yo recomiendo personalmente.

https://www.youtube.com/user/abnerius

ÍNDICE.

www.ingramcontent.com/pod-product-compliance
Lightning Source LLC
Chambersburg PA
CBHW030658220526
45463CB00005B/1836

* 9 7 8 1 6 7 4 9 4 7 0 8 2 *